フィールドワーク選書 13

印東道子・白川千尋・関 雄二 編

シベリアで生命の暖かさを感じる

佐々木史郎 著

臨川書店

扉写真――トナカイそりに乗って群れを見回る牧民の親子。
1988年10月撮影

目次

はじめに

マイナス四十度の中での野生ヒツジ猟

一九九八年十一月、私はシベリアでも最も冬が厳しいヤクーチア北部（行政的にはロシア連邦サハ共和国エヴェノ・ブィタンタイ地区）で野生トナカイと野生ヒツジ（シベリアビッグホーン）の猟を追跡するフィールドワークの現場にいた。上には羽毛布団のようなふかふかのダウンコートを着込み、スキーズボンの上から毛皮のオーバーズボンをはき、足には毛皮のブーツを、手には毛皮のミトンを着けていた。マイナス四十度に達する寒さに耐えるための装備である。カメラも予備のレンズも、フィルム類（当時はフィルムカメラだったから大量のフィルムを持参した）も、すべてダウンコートの下にしまい込んだ。だから上半身はもこもこにふくれあがっている。まるで鎧を着ているような重さで、その状態で野生のヒツジを求めて岩だらけの小山を登らされた。息が上がる。しかし、マイナス四十度近い冷気の中で、頭だけははっきりとしていた。

十一月は野生ヒツジ猟の季節としては少々遅かったが、この地域の人々は食料となる野生動物の肉をまだまだ必要としていた。この月の半ばには気温はマイナス四十度台まで下がる。さすがにマイナス四十五度以下となると現地の人々も寒さに耐えるために気合いを入れるようになる。そのた

写真１　マイナス40度近い中で野生ヒツジ猟に集まった猟師たち。全員完全装備である。1998年11月撮影

めに、森の中を駆け回ったり、岩山を這い登ったりするような過酷な行動を要求する野生トナカイや野生ヒツジの猟には出たがらないのだが、この年はロシアがソ連崩壊以後最悪の金融危機に陥り、給料は払われず、仕事すらないという状況になっていたために、人々は是が非でも食料となる肉をより多く調達する必要があった。そのおかげでといっては現地の人々に失礼なのだが、私はこの年にマイナス四十度以下の極寒の中での狩猟活動を調査することができた。

おそらく多くの人が、何も好きこのんでそのような過酷な条件下で調査などしなくてもよかろうと思うだろう。しかも、シベリアは長らくロシアの「流刑地」であり、日本人には「シベリア抑留」を連想させる。そのためにどうしても暗い、寒い、恐ろしいというイメージがつきまとう。しかし、私には厳寒のヤクーチアで調査する理由が二つあった。一つは、三年前に行った同じ地域での狩猟調査の結果を受けて、人々の行動、使う装備、狩猟の方法、狩猟のための組織、そして狩猟に関わる儀礼などを、より深く調査するためだった。一九九五年十月に行った調査では、猟師たちが私の目の前で次々に獲物を仕留めるなど、狩猟の成果としても調査の成果としても一応は満足できるものだった（そのことは第四章に詳述）。しかし、その時はこの地域での狩猟調査としては初めての経験だったので、あらゆる点で理解が浅く、また見落としたことも多かった。そのために、九八年の調査では見落とした点をチェックし、より深く彼らの狩猟活動を理解することを目的としていた。

厳しい寒さに惹かれて

そしてもう一つの理由が、人間の生存限界に近い状況を経験してみたいという好奇心であった。寒さを経験するだけならば越冬観測隊員にでもなって、真冬の南極に行く方がよいのだが、文化人類学者としてはそれでは意味がない。というのは、南極は本来人が住める場所ではないからである。人が住める場所ではないとはどういう意味かというと、居住地の周辺で手に入れることができる生活資源（食材、生活資材など）だけで、人間が一定の人口規模を持つ社会を維持できる環境にはないということである。大体南極には木が生えないために、森がない。ということは暖をとるための燃料を身近なところから手に入れることができない。真冬にマイナス七十度以下になることも珍しくない南極で燃料が手に入らないのは致命的である。現代の観測隊員たちは、遠距離輸送によって食料や燃料、装備を運び入れてもらって厳しい冬を越すことができているが、私が知りたいのは、そのような状況で生かされている社会ではない。交換や売買によって外から物資が入っていてもかまわないが、それだけではなく、周囲の資源を自力で開発し、食料にせよ、燃料にせよ、生活材にせよ、威信財にせよ、社会を維持するのに必要な物資を自給することも可能な生産力をもち、その土地で子供が生まれ、世代を交代させていくことができる社会である。いいかえれば、現代の科学技術を使わなくても、冬にマイナス数十度になるような地域で、長期間にわたって維持されてきた社会とその文化に興味がある。

人間、あるいは生物学的にはホモ・サピエンスと呼ばれる動物は、地球上の多様な環境に適応する能力を身につけた。現在人類は冬にマイナス六十度以下の厳寒になる地域から、夏にプラス五十度を超える酷暑となる地域にまで住み着いている。しかも、人類が文明を築くはるか以前からすでにそのような地域に住み始めているのであり、そのような地域に適応するのに現代の科学技術などは不要だった。現生人類がシベリア奥深くまで進出したのは三〜四万年ほど前であり、同じ頃オーストラリア大陸にも進出している。ただし、それぞれの環境にはそれにふさわしいライフスタイル、装備、生産活動、社会組織、そして世界観が必要だった。それはおおざっぱに言えば「文化」ということができるだろう。人類は多種多様な文化を生み出し、その力で多様な環境に適応してきたわけである。私はその多様な文化のうち、冬の厳寒を生き抜く文化を知りたかった。そのために、冬のヤクーチアでの調査を始めたのである。ここを選んだのは、とにかく冬が寒いからである。ヤクーチア北部は北半球の歴代最低気温の記録を有する。私は直接訪れてはいないが、調査地のすぐ東にあるヴェルホヤンスクではマイナス六十七・八度、さらに東方にあるオイミヤコンではマイナス七十一・二度を記録している。そして、私が調査したエヴェノ・ブィタンタイ地区でも、恒常的にマイナス五十度を下回る気温を観測する。私も九八年の調査では最後にマイナス五十度の中で罠の調査を行った。

なぜそのような極端に寒くなる地域に好きこのんで調査に出かけるのか、私にもはっきりとは答えられない。私が文化人類学という分野を専攻し、これから紹介していくサハ共和国北部を含むシベリア全域やヨーロッパのスカンジナヴィア北部、中国の内蒙古自治区や黒竜江省などの北東部をフィールドワークの場に選んだのには一応寒さ以外の理由はある。しかし、冬の厳しい寒さは、それらの地域をフィールドとして選んだ理由の中でも重要な部類に入る。あの心身をぎゅっと引き締めてくれる冷気、肌にびりびりと突き刺さる冷たく乾いた空気、目の前に輝くダイヤモンドダスト、そして何よりも厳寒の中に暮らすからこそ湧いてくる人々の心の温かさ、このようなものに惹かれるのかもしれない。

本書のねらい

本書は私を魅了してやまないシベリアとその周辺の寒冷地域におけるフィールドワークの体験を

綴ったものである。この「はじめに」の他に五つの章と「おわりに」から構成されている。第一章は私がシベリア研究を志すまでの学生時代の回想であり、フィールドワークの現実はここには描かれないので、そこに興味を持たれている読者は飛ばしてしまってもよい。第二章は修士論文を書き上げて研究者としての道を歩み始めたころから関心を持ち続けているトナカイ遊牧の調査を描いている。第三章は国立民族学博物館に職を得て、新米の研究者になったばかりの頃に体を張って行った中国内モンゴルの草原地帯での調査の記録である。第四章はマイナス三十度、四十度に達する極寒のヤクーチア（サハ共和国）で敢行した狩猟とトナカイ飼育の調査の報告であり、第五章はその中で特にマイナス四十度から五十度の中で調査するための装備や心得を紹介するものである。

シベリアなどの寒冷地の現実は厳しい。その中で生き抜くためには、多くの困難を克服しなければならないのも事実である。しかし、そこで暮らす人々の間で同じ生活をしながら調査をしていると、そこで感じる厳しさ、冷たさは実は自然環境から生み出されるものではなく、人が作り上げたものであることに気づいてくる。しかもそこに暮らす人々が作り上げたものではなく、そこに住んでもいないのに、そこを支配し、その資源を収奪しようとする人々が作り上げたものである。先にも触れたように、そこで暮らす人々は非常に暖かい。実はシベリアの自然も本当は暖かいのである。私はその暖かさに包まれていることを常にフィールドで感じる。私のフィールドの記憶と記録を集めたこの小さな本から、シベリアの自然とそこで暮らす人々の本当に暖かさを感じてもらえれば、これ以上のよろこびはない。

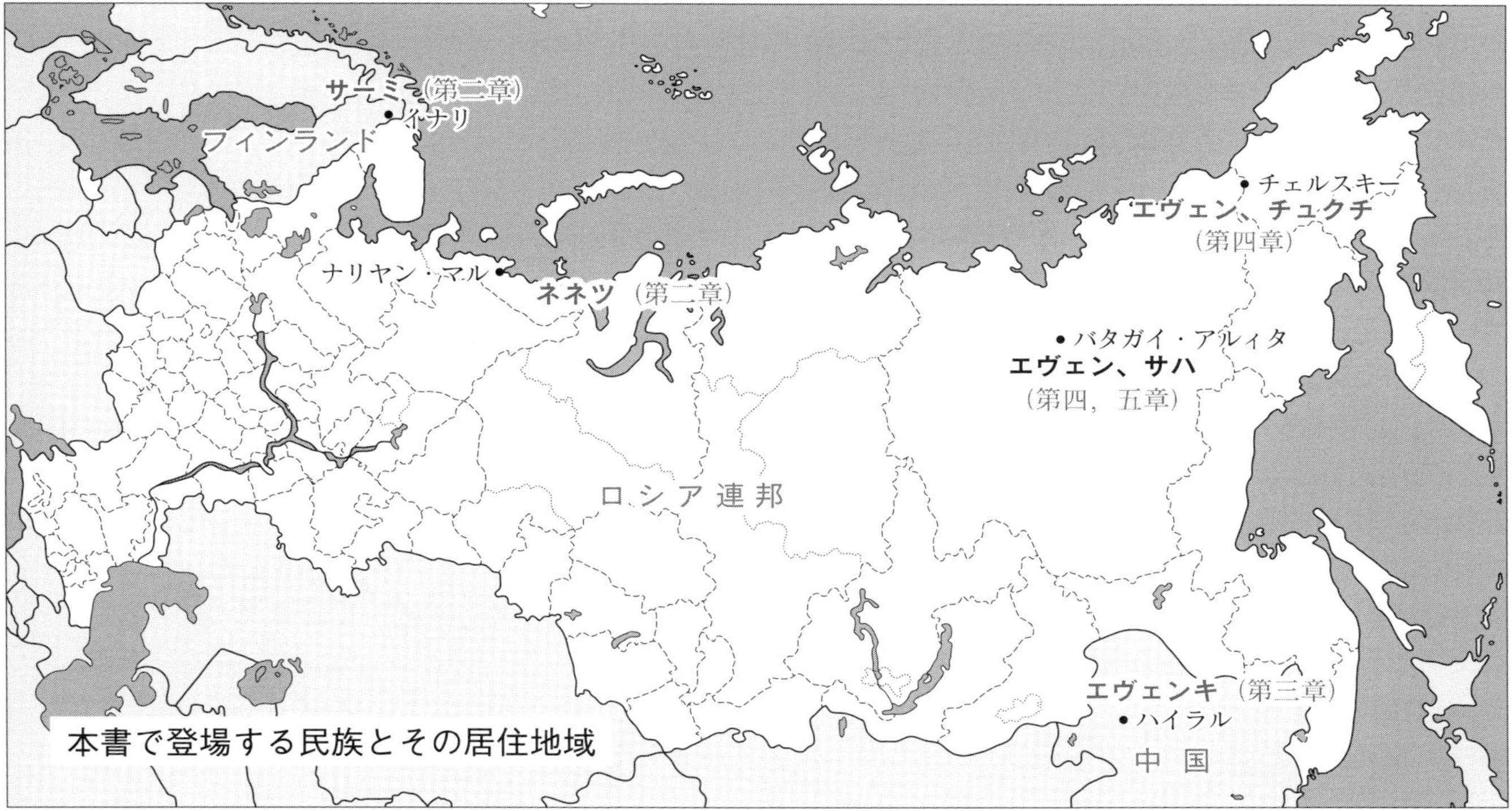

本書で登場する民族とその居住地域
サーミ（第二章）
イナリ
フィンランド
ナリヤン・マル
ネネツ（第二章）
ロシア連邦
チェルスキー
エヴェン、チュクチ
（第四章）
バタガイ・アルィタ
エヴェン、サハ
（第四，五章）
エヴェンキ（第三章）
ハイラル
中国

第一章　シベリア研究ことはじめ

ロシア語との出会い

私がシベリアやロシア極東地域、あるいは中国東北地方に暮らす先住民族の人々の文化を対象とする研究を始めたきっかけは偶然だった。

私の場合にはロシア語との出会いが先だった。高校に入学した一九七三年（昭和四八年）に学習指導要領が大きく変わり、第二学年（二年生）から外国語の学習が英語だけではなく、ドイツ語、フランス語、ロシア語、中国語も正規の授業の中で学べるようになった。外国語の授業が週に五時間用意されていたが、必修の英語はそのうち三時間で、残りの二時間は上記の外国語に英語を加えた五つの言語から選ぶ選択必修科目に充てられた。多くの高校では受験などを考え、当然のように週五時間すべてを英語にしたのだろうが、私が通っていた高校（東京都立立川高校）は、指導要領に「忠実」に、五つの外国語の選択必修とした。その結果、やはり多くの生徒が英語を選んだのだが、学年で二割程度の生徒が英語以外の言語を選んだ。私もその一人で、しかもロシア語を選択したのである。その理由はあまり良く覚えていないのだが、恐らく単なる好奇心だったように思われる。

ロシア語は英語、ドイツ語、フランス語などが使う「ローマ字」とは異なる文字を使う。いわゆる「ロシア文字」あるいは「キリル文字」と呼ばれるものである。ローマ字とロシア文字はギリシア文字から生まれたという点で兄弟関係にある。ローマ字はイタリア半島にいたエトルリア人がギリシア文字を自分たちの言語に合うように改変していたものをローマ人が借用し、さらに改良を加えたものであり、すでに紀元前数世紀から使用されていた。それに対してロシア文字あるいはキリル文字は、紀元後数世紀たってから東ローマ教会（ビザンチン教会、現在のギリシア正教会の前身）に所属する修道士たちが東ヨーロッパのスラブ系の言語を話す人々に布教するために、ギリシア文字を改変して作ったものである。したがって、両者の間には時代的に千年ほどの開きがある。

兄弟関係にあることから、ローマ字とロシア文字には共通の文字もある。また、形は同じなのに発音が違う文字もある。そして、ローマ字にはない文字もある。しかも、その活字の形がローマ字と異なって、どことなく端正で、気高くさえ見える。しかし、そのような文字の印象よりも、他の人が知らない文字を使えるという優越感のようなものも、好奇心を高めた一つの要因だったかもしれない。当時ロシア語が使われていたのはソ連（ソヴィエト社会主義共和国連邦）という、冷戦下で日本とは対立する陣営の首魁ともいえる国だった。ソ連は「鉄のカーテン」と呼ばれた秘密のベールに包まれていたとともに、終戦時の宣戦布告状況やその後のシベリア抑留、北方領土問題など日本人の感情を逆撫でするような政策をとり続けてきたことから、ロシア語学習者の数は決して多いといえる状況にはなかった。しかしそれでも、文学、音楽、絵画、バレーなど芸術分野や科学技術、スポーツなどの分野に優れたものが多く、それらに憧れる人々が一定数おり、また明治時代以来のロシア語教育の伝統もあったことから、日本のロシア語教育は高い水準を保っていた。

　私が高校でロシア語を学習し始めた時代には、まだアフガン侵攻（一九七九年）や大韓航空機撃墜事件（一九八三年）などアメリカを筆頭とする西側陣営と決定的に対立するような事件はなく、高校生の間にもロシアに対する感情的な反感はまださほど強くなかった。逆に中国とは国交を樹立したばかり（日中国交回復は一九七二年）で、まだ手探り状態にあった。そのようなことも影響してか、ロシア語選択希望者はある程度の数に達したものの、中国語は選択希望者の数が少なく、中国語の授業が成立しなかった。そのために中国語選択希望者の何人かがロシア語の授業に参加することになり、結局二十人を超える生徒がロシア語を学習することになった。

　私は二年次、三年次と二年間ロシア語を勉強した。さすがに受験を控えた三年生になるとロシア語を選択する生徒は十数人になってしまったが、それでも週二回の授業は続けられた。その授業はとても楽しかったことを今でもよく覚えている。受験と関係のない言語だったこともあるが、聞き取りと発音、会話を重視した授業だったことも大きく関係していただろう。ロシア語は初級文法がきわめて難しく、いきなり文法から入ると決まって挫折する典型的な言語である。何しろ一つの形容詞が修飾する名詞の性と数（男性、女性、中性、複数）と六つの格（主格、生格、与格、対格、造格、前置格）に応じて二十四もの形に変わるのである。しかも語形変化の仕方にも何種類かある。その変化表を覚えるとなると気の遠くなる話である。したがって、ロシア語学習を文法から始めることはまずなく、だいたい会話文を覚えるところから入るのが普通である。この高校でロシア語の授業を担当してくれた二人の先生（ともに日本人だったが）はとても授業がうまかった。毎回五十分の授業時間があっという間に過ぎて行くように感じられた。そのせいもあるのだろうが、英語よりもロシア語の方が早く聞き取れるようになった。若い頃に覚えたことは忘れないものである。今でもその当時覚えた表現は口をついて出てくる。

文化人類学との出会い

文化人類学との出会いは、それより三年ほど遅れて、東京大学（以下「東大」）に入学してからであった。高校時代に地球物理学に興味を持っていた私は、理系の学部を受験したのだが、東大を含めことごとく失敗した。それを機会に得意科目（理系のくせに世界史と日本史と古典は得意だった）とともに自分の性格を見直して、文系に転向して一年の浪人生活を経てようやく入学することができた。教養科目として数学や物理学の授業も受講したが、その時、大学の数学や物理学はとてもついて行けないことを思い知らされてしまったことから、この文系への転向は一応正解だったと思われる。しかし、他方で、文学や哲学などのような他人のことばや文章をあれこれいじりつつ、考察を進めるような分野には興味がなかった。それよりも自分の目や耳で観察して得られた情報から、帰納的あるいは演繹的に考察を進めていくような、今でいうフィールドサイエンスに惹かれていた。そこで出会ったのが文化人類学だった。

私が大学入学した当時、東大の人類学は「総合人類学」と呼ばれる、人類の身体的特徴と進化の過程と、人間の文化、社会のあり方を合わせて教えるというものだった。前者は「自然人類学」あるいは「形質人類学」と呼ばれ、後者は「文化人類学」あるいは「社会人類学」と呼ばれる。この総合人類学教育はアメリカで普及していた教育方法で、戦後この大学に文化人類学を本格的に導入した石田英一郎という先生の方針だったようである。元々は理学部生物学科の一部である自然人類学の教室とも連携した教育が行われていたようだが、私が入学した頃には文化人類学と理学部の人類学との交流はほとんどなくなっていた。しかし、それでも人体計測の基礎や人類進化史、あるいは先史考古学といった分野を教える授業や実習があり、私はそのようなものに好んで参加した。

文化人類学への関心がロシア語と結びつくのは、二年生の後半になって専門科目が始まったときに、大林太良先生が行ったシベリア民族誌という授業をとったのがきっかけだった。その時はじめて、シベリアにも先史時代から人が住み、しかも営々と独特の文化を築いてきていたことを知り、非常に興味をそそられた。普通ロシア語を学んでいると、文学（ロシア文学、東欧文学）、歴史学（ロシア史、東欧史、中央アジア史）、国際関係論（ソ連・東欧の政治学）、あるいは音楽や美術などといった分野に進む人が多い。文化人類学を専攻するというのはよほどの変人であると自分でも思った。しかし、実は私の前に先人が六人もいた（第三章参照）。

私が在学していた当時、この大学の文化人類学教室の教育方針では、本格的なフィールドワークに臨むのは大学院の博士課程に進学してからであり、それまでは文献をよく読んで勉強を重ねて、文化人類学に関する基礎的な理論に対する理解を深め、世界各地の文化と社会に関する民族誌的な知識を蓄積することに重点が置かれていた。ただし、社会調査実習という形で学部学生が調査経験をする場は与えられていた。

私も大学入学当初から研究者の道を目指していたわけではない。ただ、大学浪人をして自分の特性を見つめ直した際に、教師、新聞記者など教育系か文筆系の仕事の他に、研究者というのも将来の選択肢の一つに入ってはいた。そのために、とりあえず将来の生活を度外視して、まずは大学院に進学することを目標にして卒業論文を書くことにした。もちろん学部段階で実地調査を行い、そのデータを元にして卒論を書いても良かったのだが、当時の先生たちは強いてそのようなことは求めず、とにかく本や論文を読んで勉強した成果をきちんとまとめることを求めた。そこで、ロシア語と文化人類学を結びつけ、まずはソ連という国の人類学でどのような理論が基礎になって、どのような研究が展開されているのかを調べることにした。

ソヴィエト民族学

ソ連ではマルクス主義イデオロギーが全学術分野の根幹をなすという建前をとっていた。その中でも民族学は、マルクス主義の開祖の一人であるF・エンゲルスが人類社会の進化的発展を考察する上での方法論として活用したことから、歴史科学の一分野として重要視され、しかもイデオロギーの縛りが強かった。当時ソ連では、英語でcultural anthropology（文化人類学）、あるいはethnology（民族学）と呼ばれる分野を「エトノグラフィヤ」этнографияと称していた。それは英語のethnography（民族誌）に相当することばである。ちなみに英語のanthropology（人類学）に相当する「アントロポロギヤ」антропологияは、日本でいう自然人類学あるいは形質人類学だけをさしていた。それはドイツ語圏や東欧など大陸ヨーロッパで使われていた用法に由来する。

学生のころには、この分野の名称について深く考えることはなかったのだが、ソ連が崩壊して社会主義イデオロギーの呪縛が解けた今日の視点で見ると、文化人類学、民族学に相当する分野を「エトノグラフィヤ」と呼ばせていたことは、ソ連の学術行政において重要な意味を持っていた。というのは、「～グラフィヤ」、すなわち「～誌」というのは、ある出来事や現象を記録、記述することを意味していて、一九八〇年代までのソ連のイデオロギー政策の文脈では、この分野独自の視点や理論的枠組みを構築する必要はなく、史的唯物論に依拠した人類史構築という歴史科学に課された課題を解決するのに必要なデータ（特に古代奴隷制が始まる以前の原始共産制の時代についてのデータ）を、世界の諸民族の文化の観察と記述から提供することを主要任務とされていたと解釈できるからである。文化人類学、民族学に相当する分野にこのような名称を与えて、その役割を限定することが決定的になったのは、スターリンが権力を握った一九三〇年代である。

ソヴィエト民族学を意味する「ソヴィエツカヤ　エトノグラフィヤ」советская этнографияという名称はソ連崩壊まで続き、「エトノグラフィヤ」という分野名称も、文化人類学、民族学を意味することばとして現在まで引き継がれている。ただし、科学アカデミー所属の民族学研究所はソ連崩壊とともに、「インスチトゥート　エトノグラフィイ」Институт этнографии（直訳すれば民族誌研究所）から「インスチトゥート　エトノロギイ　イ　アントロポロギイ」Институт этнологии и антропологии（民族学人類学研究所）へと変更された。それは民族学がイデオロギーの呪縛から解放されたことを明らかにするためである。

人類進化史への挑戦

このように名称からその役割までイデオロギー的な学術行政に縛られていたとはいえ、ソ連民族学が常にイデオロギーに忠実だったわけではない。それどころか、一九五〇年代からは史的唯物論の枠内に限定されながらも、欧米を中心とする西側諸国の人類学や民族学の成果も取り入れ、自由な発想をもって人類進化史のモデルを構築しようとするような動きも見られた。私が卒論を書くときに目を付け、主要な研究対象として取り上げたＹｕ・Ｉ・セミョーノフの『人類社会の形成』（法政大学出版、上巻一九七〇年、下巻一九七一年、中島寿雄・中村嘉男・井上紘一訳、原典はЮ. И. Семёнов, *Как возникло человечество*, Москва: Наука, 1966）も、一九五〇年代、六〇年代のソ連に見られた当時の新しい動きの代表的な著作だった。ユーリー・イヴァノヴィチ・セミョーノフはこの著作を書いた当時はまだ少壮の民族学者、哲学者だったが、後にマルクス主義イデオロギーに忠実という意味で保守的な論客としてソ連、ロシア、東欧、さらには欧米にもその名が知られるようになる。

この上下二巻からなる大部の著作の趣旨は、人類の進化史を類人猿からの分岐からホモ・サピエンス（現生人類）の登場までの数百万年にわたって通覧し、その間に形質的かつ社会的に二つの大きな飛躍があったという仮説を提示することにあった。二つの飛躍とは、一つは道具を使うアウストラロピテクス（現代ではホモ・ハビリスとされる人類）の登場であり、もう一つはホモ・サピエンスの登場である。一九五〇年代、六〇年代当時、今日のような遺伝子分析の手法は確立されておらず、人類進化史研究は古典的な古人骨の形態分析と、それに付随して出土する石器類の分類に頼らざるをえないレベルだった。しかも、ソ連の場合、イデオロギー的な制約が強く、例えば「労働が人類を作った」といった定型句や、「獲得形質は遺伝する」といった今日ではありえない考え方を前面に押し出さなくては、論文を世に出せないような状況にあり、この著作も論理構造的にはイデオロギーの制約を受け、使える資料やデータの面でも当時の研究レベルの制約を受けていた。

しかし、私が卒論を書いた当時（一九八〇年）注目したのは、途中の論理構造に西側人類学とは異なる点が多いとはいえ、この仮説モデルで、ホモ・ハビリスなどが登場した際に道具を使い始めたことによって生じたと考えられる形質と社会の変化と、ホモ・サピエンスが登場することで生じた社会的、文化的変化を「飛躍」として重視した点だった。そして二十一世紀の今注目するのは、それが大きく進展した現在の遺伝子レベルの研究や先史考古学（特に旧石器研究）の研究成果と重なり合う点である。ことにセミョーノフらが目を付けた、ネアンデルタールからホモ・サピエンスへの飛躍は、現在「交替劇」と呼ばれ、遺伝子研究のみならず、先史考古学、脳科学、行動科学、教育学（学習論）、そして文化人類学などを動員した学際的な研究の格好の対象となっている。ただし、最新の研究で明らかにされたのは、ネアンデルタールとホモ・サピエンスとの間に、環境変化への適応力とそれにつながる認識方法や学習方法、そして多様な道具類や戦略を生み出す創造性に大きな相違が認められるということであって、セミョーノフが想定したような婚姻制度と社会構造の相違ではない。セミョーノフは、エンゲルスが提唱した動物的乱婚から人間集団を単位とした群婚、集団婚、そして個人レベルの単婚へと進化する婚姻形態の進化仮説と、父系あるいは母系という特定の系統が認められない不定形の集団から、母系制集団、そして父系制集団へという人間集団の進化仮説に依拠していた。特に親子兄弟関係に基づく系譜的な範囲を限定した集団を設定し、配偶者をその集団の外に求めるという「外婚制」の登場が、形質面でも社会面でも進化上重要な役割を果たし、それを完成させたのがホモ・サピエンスだというのがセミョーノフの論旨だった。しかし、それを考古学的な遺跡や遺物、人骨などから実証することはできない。しかし、途中で使用するデータや論理構造は異なるとはいえ、二十世紀中葉のソ連の人類進化史研究が現代の研究と同じところに目を付けていたのは事実であり、それは炯眼だったといえるだろう。

卒論において、私はこの大部の著作の中から、特にトーテミズム（ある集団がある種の動植物を自分たちの祖先、あるいは象徴として位置づけ、信仰の対象としたり、タブーの対象としたりすること。北米やオーストラリアの先住民社会に典型的に見られた）の発生に関する部分に着目して、この概念が人類進化史の枠組みの中でどのように扱われるのかを検討してみた。そのために、当時社会主義イデオロギーと対立するといわれていた構造主義人類学におけるトーテミズムの扱い方との比較を考え、C・レヴィ＝ストロースの『今日のトーテミズム』と『野生の思考』との対比を行った。今から見れば未熟で無謀な検討作業だったが、そこから見えたのは、セミョーノフもレヴィ＝ストロースもトーテミズムを、人が社会集団と自然界とを対応させ、異なる社会集団間の相違を際立たせるために用いる象徴体系であるという点で、似たような理解をしており、そこを出発点として独自の主張を展開している点だった。セミョーノフはそれを人類の知的進化過程の一部として一般化して捉え、それがすでにネアンデルタールの段階で形成され始めていたという主張に発展させたのに対して、レヴィ＝ストロースはこの概念の有用性に疑問を呈し、個別事例を説明する他の概念に還元できるという方向に議論を持っていったのである。

この卒論自体が直接シベリア、極東の民族学、人類学研究へと結びついたわけではないが、著者がソ連の民族学者、哲学者であったことから、データとして多くのシベリア先住諸民族の民族誌が利用されていた。冷戦時代、シベリアの先住民族、特に北方少数民族のデータはソ連の民族学者にほぼ独占された状態になっていた。また、逆にソ連の研究者は欧米の人類学者のデータを使いにくい状況にもあった。それだけにシベリア、中央アジアなどソ連の民族学者だけがフィールドワークを許されていた地域のデータに負うところが大きかったのである。この著作の参考文献に挙げられていたシベリア関連の文献は、その後私のシベリア人類学研究に大きく貢献することになる。

卒論で行ったマルクス主義的人類進化史研究と構造主義人類学とを対比するという無謀な試みと、両者の根底には共通する思考方法があるという奇想天外な結論が評価されたのか、入学試験の成績はさほど良くもなかったはずなのに、私は大学院の修士課程に入学することを許された。そこから研究者への道が始まった。しかし、シベリア、ロシア極東地域でのフィールドワークへの道はまだまだ遠く、険しかった。

第二章　トナカイ遊牧の世界

1　トナカイ飼育研究に着手

修士課程に進学して

大学院に入学して私はシベリアに広く普及しているトナカイ飼育を研究テーマに選んだ。トナカイを飼育する人々はシベリアには多数いるが、中でも西シベリアのツンドラ地帯で大規模な飼育活動を展開するネネツという民族に興味を覚えた。その理由はこれから述べるが、このトナカイ飼育研究が私にとって初めてのフィールドワークにつながっていく。

大学院の修士課程というのは、原則二年間で修了に必要な単位（当時は三十単位）を取得し、修士論文を書かなくてはならない。一年延長することは可能だが、それ以上延ばすには休学しなくてはならない。それでも休学期間は最大二年間なので、目一杯延ばして五年である。そして当時の大学院の制度では基本的に修士論文の出来不出来によって博士課程への進学の許可、不許可が決定されていた。そのために、修士課程の間は常に精神的に大きなプレッシャーがかかる。ただし、私が学んだ大学院では修士課程でもフィールドワークによるデータの収集は求められなかった。この大学院の方針では、修士論文まではとにかく自分の力で研究テーマに関する文献を探し出し、それを徹底的に勉強してその成果を論文にするという、学術研究の基礎を身につけることを優先していた。修士課程ではそれが私には幸いした。というのは、はじめからわかっていたことではあるが、シベリアでのフィールドワークはほぼ不可能で、そのために修論を含めて当面は文献研究だけで勝負しなければならないことは覚悟していたからである。

私が学部、大学院を過ごした一九七〇年代後半~八〇年代前半は東西冷戦のまっただ中であり、特にアメリカとソ連が厳しく対立した時期だった。すなわち、一九七九年にソ連のアフガニスタン侵攻が始まり、八〇年の西側陣営のモスクワオリンピックに対するボイコットがあり、八三年にはサハリン上空における大韓航空機撃墜事件、そして八四年には東側陣営によるロサンゼルスオリンピックに対する報復的なボイコットが行われるなど、米ソ核戦争の危機さえささやかれる状況にあった。そのような中で、核ミサイル基地や誘導レーダー施設、軍需工場や軍需産業に使える資源採掘現場が多数あるシベリアに、西側諸国出身の人類学者が入れるわけがないのである。また、旧ソ連は社会主義の理想主義的な側面を強調するために、「民族問題は解決済みである」という姿勢をとっており、その強弁を覆すような事実を掘り起こす人類学者や民族学者に民族調査など許可するはずがないのである。そして、事実長らく許可してこなかった。

ソ連崩壊後に旧ソ連科学アカデミーの民族学研究所の研究員たちから聞いたことを合わせると、ソ連の研究者でも自由にシベリアで調査ができたわけではないことがわかった。民族学の研究を志して、大学院に進学し、さらに研究所に職を得て研究生活に入っても、研究テーマと調査地域は大学院や研究所の上層部から割り当てられ、特に調査地域に関しては、与えられた地域以外には行くことすらできなかったという。ソ連の研究者でもそのような状況にあった時代に、敵対する西側の研究者に調査の門戸が開かれるはずもなかった。ただ、若干の例外がなかったわけでもない。例えばイギリス、ケンブリッジ大学のC・ハンフリーは一九六〇年代から七〇年代にかけてブリヤート自治共和国（現在のロシア連邦ブリヤート共和国）でブリヤートの牧畜集団農場の調査を行っている。しかし、それは彼女の強い熱意とケンブリッジ大学の後押し、ソ連科学アカデミー民族学研究所の協力があって実現したのであり、それでも彼女の行動は厳しく監視され、制限されていた。また、一九八〇年代中頃にソ連科学アカデミー民族学研究所の大学院に在籍していた鴨川和子もトゥヴァ自治共和国（現在のロシア連邦トゥヴァ共和国）で調査をして、この研究所で歴史学博士候補の学位を受けている。しかし、彼女も研究所を通じて監視下に置かれており、その調査研究もソ連の民族政策に沿った形にならざるをえなかった。

したがって、日本でシベリアの人類学的、民族学的研究を志しても、シベリアで実際にフィールドワークに従事することはほぼ望めず、とにかく文献を日本だけでなく、海外にも求めて、それを徹底的に読み込み、論理的思考をめぐらせ、さらには想像を膨らませて自分が明らかにしたい課題に取り組むほかなかった。したがって、当時のシベリア研究者は文献研究だけで勝負する文学者や歴史学者になるか、下手をすると他人の論文を論評するだけの評論家になる恐れもあり、フィールドワークによる研究をしたければシベリア研究から離れざるをえなかった。

フィールドワークができない人類学者はまさに「陸に上がった船頭」であり、ものの役に立たないという雰囲気が当時の日本の文化人類学全体を包んでいた。私も修士課程に進学してシベリア研究を志しているということを口にしたとき、先輩や他大学の院生や助手、講師クラスの若手の先生たちの中にかなり否定的な反応をした人がいたことを覚えている。彼らは一九九〇年代から二〇〇〇年代の日本の文化人類学を背負う人たちであり、その人たちの反応がネガティヴだったことはかなりショックだった。

しかし他方で、教授クラスの先生たちが意外と前向きの反応を見せてくれた。指導教官となっていただいた大林太良先生はいうまでもまく、日頃フィールドワークの重要性を説かれていた社会人類学の中根千枝先生も、シベリア以外でフィールドワークを必ず行うという条件を付けながらも、シベリアを主要な研究対象とすることに反対はされなかった。国立民族学博物館（以下「民博」）の教授だった加藤九祚先生に会いに行ったときには、フィールドができないことを言い訳にしていると、ロシア語ができるのになぜシベリア研究をしないのだと、逆に叱られてしまった。今、残されている関係文献を読み込むだけでも独創的な研究ができるのだということも強調されていた。それは大林先生も同意見だった。当時加藤先生は、漂流や探検などでシベリアに渡った江戸時代の日本人がもたらした情報を、ロシア側の民族誌と比較しつつ、検証するという作業をされており、確かにそれは日本人にしかできない独創的な研究だった。その方法は後に博士論文を執筆するときに参考にさせていただいた。

大体の傾向として、戦前の民族学や人類学を知っている先生方や、そのような先生方に直接指導を受けた世代の先生方はシベリア研究に対して好意的だった。彼らは、戦前まで日本ではシベリアを含む北方研究が比較的盛んだったことを知っており、さらに比較民族学や歴史民族学ではシベリアの諸民族の文化が日本文化を深く知る上で重要な存在であるにもかかわらず、ロシア語の壁とソ連の秘密主義によって情報が足りないことを意識していたからである。そのような先生は文化人類学や民族学だけでなく、歴史学や言語学の分野にもいた。北方研究、シベリア研究の重要性を知っている先生方に背中を押していただいたことが、シベリア研究に邁進する原動力の一つとなったことは確かである。

映像記録センターでのアルバイト

修士課程に入学してすぐに、一つの幸運に恵まれた。それは、ドキュメンタリー映像作家の牛山純一氏が社長をしていた日本映像記録センターから、ソ連の映画合作会社ソヴィンフィルムと協力してシベリア諸民族の映像を作るという企画に誘われたからである。当時映像記録センターは世界各地の民族誌映像の制作では世界的に有名な会社であり、数多くの映画、テレビ番組を手がけていた。そこが、シベリアの映像を撮りたいのだが、情報を全く持っていないので、まず基礎的なデータを作りたい、その作業を手伝える若手の研究者がほしいということをいろいろな方面に打診していたのである。それがたまたま大林先生の耳に入り、私が紹介されることになった。そのとき同時に、北海道大学（文学部北方文化研究施設）の先生方にも協力の打診がいっていたようである。しかし、さすがに先生方に映像記録センターの事務所で作業してもらうわけにはいかないので、私がアルバイトとしてそこに通い、シベリアの基礎データを整理することになった。

実際の作業は、北大の先生が作成した文献リストから必要な部分をコピーして、民族とテーマごとに分類し、切り貼りして文化項目ごとの一覧表を作るということで、さらに一応ロシア語が読めたことから、その日本語訳も行った。今ならばスキャンした情報をパソコンや携帯端末で切り貼りして、自由自在に一覧表もカードも作れるのだが、当時はまだパソコンすら普及していない時代だったので、実際にコピーされた紙をはさみで切り抜き、枠を印刷した紙にそれをのりで貼り付けるという作業をしていた。ただ、それが私のシベリア研究にとって非常に役に立った。当時シベリアの民族は三十ほどが公式に認定されていたが、その全民族のデータを、文献のコピーを切り貼りしながら整理するということで、これらの民族の基礎的な民族誌情報、例えば、言語系統、居住環境、歴史、衣食住、社会構造、精神世界などについての知識をすべて頭にたたき込むことができたからである。

私はそこで得られた基礎知識をもとにして、修士論文として独創的な論文が書けそうな民族とテーマを選ぶことにした。そこで目に付けたのが西シベリアに大きな勢力を誇っていたネネツという民族のトナカイ遊牧だった。ネネツは二十世紀に入ってから北方先住少数民族最大の規模を誇るようになり、一九八〇年代の時点で固有言語（ウラル語族サモエード語群に属するネネツ語）を母語とする比率が八割を超える（現在は七割台に落ちている）という非常に強力な民族だった。彼らの多くが千頭を超える群れを管理する大規模トナカイ飼育に従事しており、その移動性の高い生活様式からトナカイ遊牧民というべき人々だった。しかも、帝政時代、社会主義時代を通じて常に中央政府による軍事的、政治的、そして文化的圧力があったのにも関わらず、彼らは固有の言語と生活スタイルを守り抜いた。その強烈なパワーはどこから来るのか、という点に興味を持った。しかし、フィールドワークは当面できそうにないために、その現状を分析するような研究はできない。そのために、私は一時的に歴史学者になることに決め、ネネツに関する日本で手に入れることのできる文献から、彼らのトナカイ遊牧の成立史を解明することに決めた。というのは、やはり映像記録センターでのアルバイトで、トナカイ飼育という活動にも時代による変化があり、ネネツのトナカイ飼育が大規模化したのもそれほど昔の時代ではないことを知ったからである。

ちなみに、日本映像記録センターとソヴィンフィルムとの合作によるシベリア民族映像の制作という企画は成功しなかった。というのは、両者の民族誌映像制作に対する基本姿勢（スタンス）が全く違っていたからである。日本映像記録センターはあくまでも現地で見られる現実をドキュメントとして映像化する方針だったのに対して、ソヴィンフィルムはその民族のあるべき姿をシナリオとして作り上げ、それに沿って映像化するという方針だった。それと同時に、当時は政治情勢も緊迫度を増していた。本格的に交渉を始めた一九八二年に当時のソ連の最高指導者だったL・ブレジネフ書記長が死去し、後任のアンドローポフ書記長が冷戦を悪化させるような政策を執り続けて、米ソ関係が最悪の状態になっていたからである。

トナカイ飼育の基礎知識を学ぶ

トナカイ飼育というのは、シベリアとロシア極東地域で独自に発達した家畜飼育の一形態で、アメリカ大陸の極北、亜極北の先住民には見られなかった。おそらく中央アジアやモンゴル高原でのウマの飼育にヒントを得て、当初は少ない頭数を、背に荷物を積んだり、背中に騎乗したりするために飼うことから始まったと考えられる。また、それはソ連の民族学者、M・G・レーヴィン、G・M・ヴァシレーヴィチ、そしてS・I・ヴァインステインらが一九五〇年代から七〇年代にかけて提唱した説である。私は学生時代以来その説を支持している。

トナカイは強い雄が複数の雌を独占する形で群れを作るので、秋の交尾期になると雄どうしの争いが起こり、群れは不安定になる。使役のために飼育する人間にとってはそれでは不都合なので、一部の雄に去勢を施して、発情しないようにしてしまう必要がある。去勢によって群れを安定化させ、より従順で使役に強い個体を選別することもできることから、現代風にいえば一種の遺伝子操作である。草食の大型有蹄類を飼育する牧畜はこの事実上の遺伝子操作によって支えられている。トナカイ飼育にもそれが応用されている。

トナカイはわずかだが乳も出す。それは乳脂肪分が豊富で（牛乳の脂肪分が多くてもせいぜい四パー

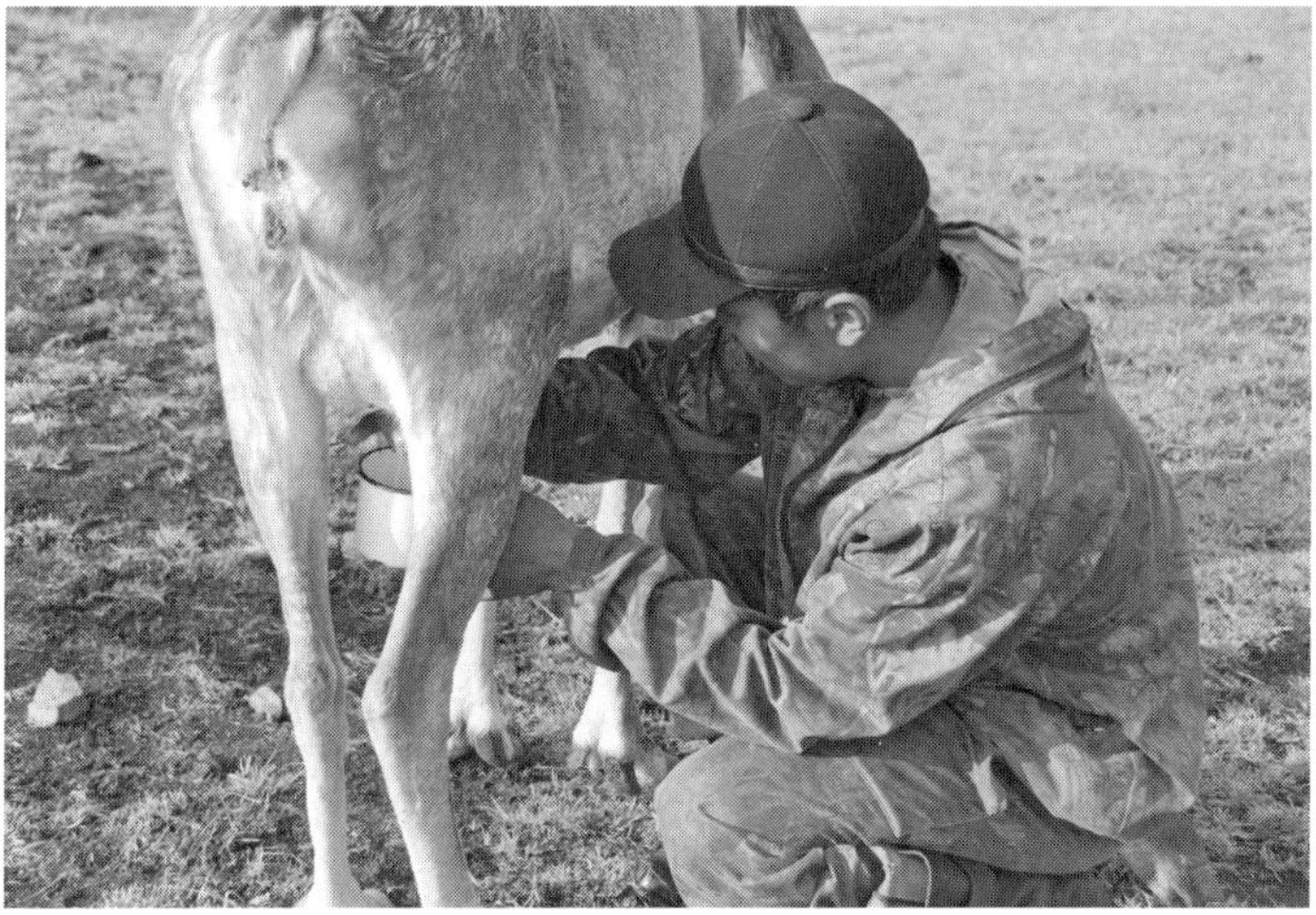

写真２　トゥヴァ＝トジャの牧夫によるトナカイの乳搾り。ロシア連邦トゥヴァ共和国トジャ地区にて。2012年８月撮影

セント程度なのに対して、トナカイ乳の脂肪分は二十パーセントを超える）、チーズやバター、ヨーグルトなどに加工することもできる。トゥヴァ＝トジャなどのチュルク語系やエヴェンキ、エヴェンなどのツングース語系のトナカイ飼育民は、トナカイの乳とその加工食品を食用に活用している。ツンドラのネネツもお茶に入れるなどして利用する。去勢と搾乳という牧畜文化の二大要素を考慮すると、トナカイ飼育はまず北方ユーラシアの草原地帯と森林地帯の間での文化交流から生まれた蓋然性が高い。

スカンジナヴィアのサーミは、もしかするとツンドラ地帯で独自にトナカイ飼育文化を発達させた可能性がある。しかし、それでも南隣のヨーロッパの牧畜文化と東隣のネネツのトナカイ遊牧文化の影響を考えなくてはならないだろう。

シベリアの森林地帯で始まったトナカイ飼育は、西シベリアではネネツの祖先であるサモエード系の諸民族の手によって、東シベリアや極東ではエヴェンキやエヴェンの祖先であるツングース系の諸民族の手によってツンドラ地帯に伝播し、そこで犬ぞりと出会ってトナカイにそりを繋ぐ文化が生まれた。その担い手は、今日の大規模トナカイ遊牧民であるネネツやチュクチ（チュコトカ半島の民族）だった。しかし、その段階では彼らはまだ少数のトナカイをそり用に飼うだけのトナカイ飼育を伴う狩猟採集民だった。それが何千頭ものトナカイを飼育し、その肉や毛皮を消費したり販売したりする大規模なトナカイ遊牧民となるのは、帝政ロシアがシベリア支配を安定化させる十八世紀のことだろうとされる。

私はこのようなツンドラ地帯のトナカイの大規模飼育の成立過程と、それに伴う社会構造の変化をネネツに関する古い民族誌とソ連の民族学者たちの研究から復元し、修士論文として仕上げた。その一部はいくつかの学術雑誌に掲載したが、今でも仕事の合間に新しい資料や論文を探しては、このテーマの研究を少しずつ進めている。

このようにトナカイ飼育に関する研究で修士論文を仕上げ、何とか博士課程に進学したのだが、そこで予想通り壁にぶつかった。シベリアではトナカイ飼育に関するフィールドワークができないのである。それどころか、当時は学生、院生の身分ではソ連に留学することもままならなかった。ソ連の大学に個人的なつながりを使って私費で留学するものや短期の語学留学をするものはいたようだが、国家間の協定に基づく留学制度が当時のソ連との間にはなかった。したがって、調査にも行けなければ、留学もできないという八方ふさがりの状態が続いた。私の周囲では同学年の仲間たちも含めて、どんどん奨学金や助成金を取って海外に留学したり、調査に出かけたりしていく。その中で私は一人日本に残されていた。修士論文執筆時点では十分読み込めなかった資料や、手に入れることができなかった文献を探し出して、読み直すという作業はしていたが、先が見えなくなり、かなりの焦りを覚えていた。

2　北欧でのサーミ調査――初めてのフィールドワーク

リトルワールドからの誘い

そのような状況の中で、暗闇に一筋の光が差すように、トナカイ飼育民のところでフィールドワークをしないかという誘いがあった。愛知県犬山市にある野外民族博物館リトルワールド（一九八〇年代当時は「人間博物館リトルワールド」という名称だった）に就職していた研究室の先輩の鏡味治也さん（現在金沢大学文学部教授）から、サーミに関する資料収集を依頼されたのである。一九八四年の春のことである。リトルワールドの開館は前年の一九八三年なので、まだまだ展示資料が不足していた時代であり、買い付けに大学院生を使ってでも資料を増やそうという時代だった。この話は私にとっては渡りに舟どころか、血の池地獄に落とされていた亡者の前に天空から下ろされてき

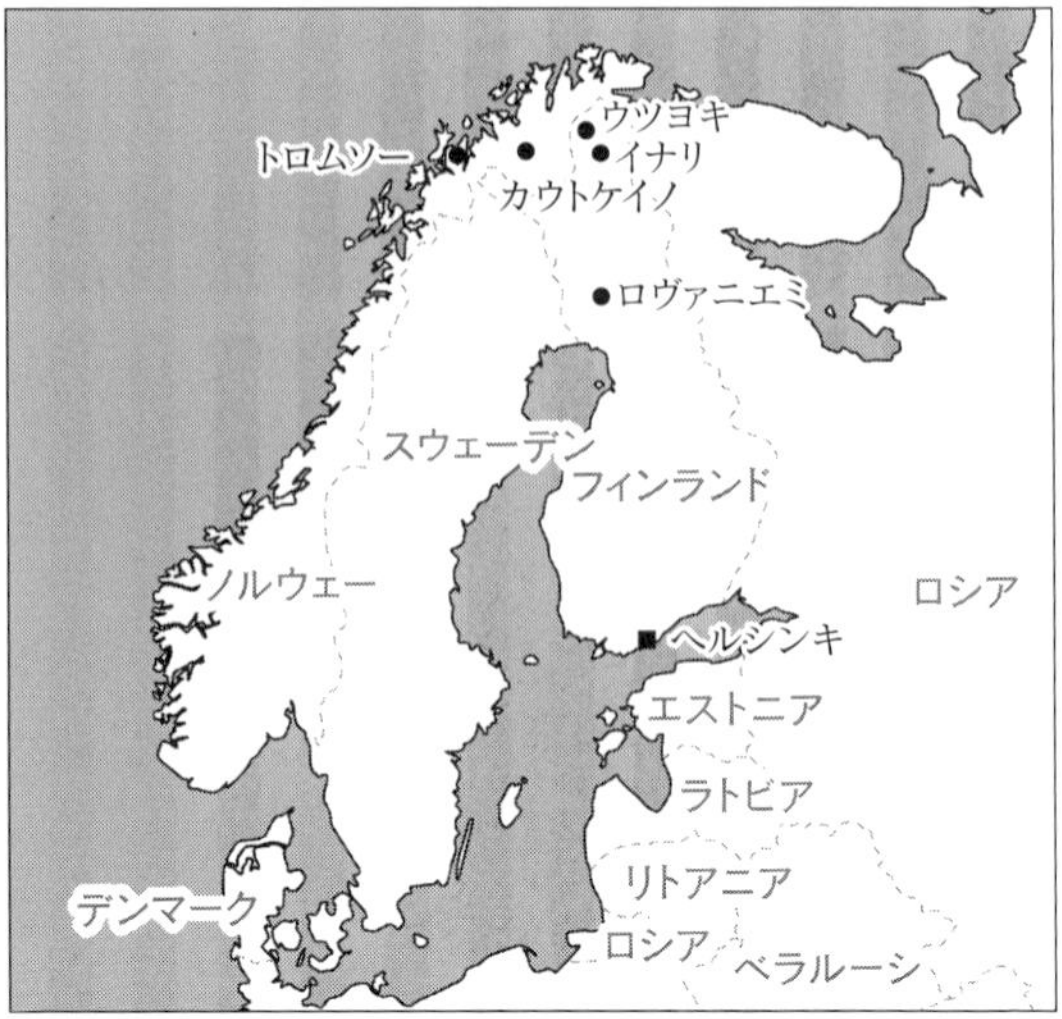

地図1　北欧の調査地

た蜘蛛の糸のように見えた。

先述のように、サーミはスカンジナヴィアのトナカイ飼育民で、フィンランド、ノルウェー、スウェーデン、そして当時のソ連にまたがって暮らしていた。彼らはトナカイ飼育をしていることで海外では知られるが、実はその人口の大半はトナカイ飼育には従事していない。トナカイ飼育に従事するのはフィンランド、ノルウェー、スウェーデンにまたがるスカンジナヴィア半島の山岳地帯や森林地帯に暮らす人々（山岳サーミ、森林サーミ）である。特にノルウェー北部では大がかりなトナカイの群れの移動が有名になっていたが、それ以外にもフィンランドの北部の森でトナカイを飼う人々もいる。しかし、人口が最も多いグループは、ノルウェーの海岸地帯にいて漁業に従事する海岸サーミと呼ばれる人々である。また、フィンランド、ノルウェー北部の湖や河川で淡水産の魚を捕る漁業を中心にして暮らす河川サーミと呼ばれるグループもいる。言語的には、すでに消滅したものも含めて十一もの方言に分類できるとされ、地理的に遠い方言どうしは通じにくいとさえいわれる。つまり、一口にサーミといっても、言語と文化の地域差が大きい。

私はサーミ調査に関する基礎的な情報を集めるために、民族誌や旅行記を読むだけでなく、サーミの暮らす地域を調査した経験のある研究者を訪ねた。その中で資料収集について最も有益な情報を与えてくれたのが、民博の庄司博司さんだった。サーミの伝統工芸の継承を推進し、その品質を保証する団体であるサーミドゥオジを紹介してくれたのも彼である。また、フィンランドに留学した経験があるシベリア研究の先輩である井上紘一さん、ロシア民話研究の仲間だった齋藤君子さんにもお話を伺い、私なりにフィンランドでの調査のイメージを作り上げていった。

フィンランドへ出発

実際の資料収集旅行は一九八四年九月二十一日から十一月二日までの四十四日間だった。九月二十一日に成田をたち、コペンハーゲンで一泊し、フィンランドの首都ヘルシンキに着いたのが九月二十二日の昼頃。北欧の秋は実に暗く、わびしく、鉛色の空から冷たい雨が静かに降りそそいでいた。正直いって、フィン語どころか、英語すらたどたどしい状態だったので、これから一ヶ月半、フィンランド北部を旅行して、無事に資料を購入できるのかどうか、無性に心細かった。一応フィン語は直前に参考書を買って予習したが、とても難しくて全く覚えられなかった。フィン語はウラル系の言語で、単語がインド＝ヨーロッパ系の言語からは類推できない。しかし、この国ではスウェーデン語を必ず併記する制度があり、道案内などにスウェーデン語が書かれていたのは助かった。スウェーデン語はドイツ語や英語と語幹を共有する単語があり、そこから大体の意味を推測することができたからである。例えば当時のソ連はフィン語ではNeuvostoliittoといい、これでは何を意味するのかさっぱりわからないが（フィン語で文字通りソヴィエト連邦の意味らしい）、スウェーデン語ではSovjetunionenで何となくわかる。このような具合で、必要最低限の情報は欠かさないようにして、フィンランドからノルウェー、スウェーデンと旅することにした。

まず、ヘルシンキで国立博物館のサーミ展示を見たり、ヘルシンキ大学の先生を訪問したり、サーミドゥオジの事務所を訪れたりしながら、五日間サーミについて下調べをした。それから、フィンランド北部を鉄道やバスで旅行することを考え、ヘルシンキ駅で地図と時刻表を買った。時刻表には鉄道だけでなく、バス、船、飛行機などの運行予定も含まれていて、とても便利なものだった。しかも、表記がフィン語とスウェーデン語の併記なので、フィン語がわからなくても、何となく書いてあることがわかる。それにこちらは地名と発車時刻がわかればいいので、細かいことは必要ない。ということで、この時刻表は調査期間中ずっと重宝した。

サーミの地方へ

九月二十七日に鉄道でラッピ州（現在のラッピ県）の中心地であるロヴァニエミに向かった。今でこそサンタクロースの故郷としてあまりにも有名なロヴァニエミだが、一九八四年当時は北極圏への入り口ということを観光の目玉にしていた。しかし、到着したのが九月末だったこともあり、観光客はほとんどおらず、実に寂しい町だった。ロヴァニエミでは博物館を見学してサーミ文化についての知識を仕入れ、またどこに行けばサーミの資料を購入できるのかを博物館の館員などに尋ねた。その結果、さらに北方のイナリという町にサーミドゥオジの事務所があることを知って、そこに向かうことにした。鉄道はもはやなく、バスが唯一の交通手段だった。

イナリに向けて発ったのは九月三十日である。ここで小さなことだが思わぬ失敗をした。私は、朝七時発のバスに乗るために、六時にモーニングコールをお願いしていたのだが、自分の時計で六時を過ぎても全く連絡がない。そのために、いらいらしながら自力で起きてさっさとホテルをチェックアウトしてしまった。そして、バスに遅れてはなるまいと重いスーツケースを引きずりながら、バス停に急いだ。しかし、そこには誰もいない。私の時計は六時三十分ほどを指している。まだ三十分は余裕があるなと思いながら待っていたが、いっこうに他の客が現れず、当然バスも来る気配がない。これは時刻表を間違って読んだか、バス停の位置を間違えたか、あるいは今日は運休かなどと相当心中穏やかならざる状態になって、ふとバス停のある広場の時計を見ると、まだ六時前ではないか。それでようやくこの日から冬時間が始まることに気づいた。フィンランドではこの日に夏時間から冬時間への変更が行われていたのである。ということはホテルをチェックアウトとしたときにはまだ五時半だったわけで、ホテルの人は、なぜこの人はこんな焦ってチェックアウトするのだろうと怪訝な顔をしていたに違いない。そう思うと思わず苦笑いをしてしまった。

結局冬時間の時刻通りバスはイナリに向けて出発した。バスはガラガラだったが、他の客は発車時刻に合わせて乗ってきた。

イナリでの資料収集

イナリはフィンランド最大の湖であるイナリ湖の湖畔にある村で、北緯六十九度ぐらいのところにある。もともとイナリ湖周辺のサーミ（サーミ語のイナリ方言を話していた）の中心村落だったようだが、私が訪れたときにはフィン人の方が人口的には多かった。村の中を、スカンジナヴィア北部を抜ける幹線道路が走っているために、車やトラックの交通量は意外と多い。しかし、とにかく人口が少ないのと人家が広い範囲に散在しているので、昼間村の中心部を歩いても滅多に人と会わない。十月初旬まではまだ昼が極端に短くなることもなく、気温もプラス十度前後まで上がって、雪も降っていないので、極地方に来たという実感はあまりわかなかった。しかし、周囲の森の木々がモミやカラマツなど明らかに北方系で、しかも、この頃までには針葉樹以外はほとんど葉を落としていた。

私はまず、この村で資料の購入をすることにした。というのは、先にも触れたように、伝統工芸職人の団体であるサーミドゥオジの事務所がここにあったからである。イナリでの宿泊は、ロヴァニエミの観光インフォメーションで紹介してもらった一泊二千円程度の湖畔の旅館にした。風呂はなく、トイレも共用だったが、とにかく観光シーズンではないので、客はほぼ私一人で、時折長距

写真3　秋のイナリ湖。風光明眉なので観光地ではあるが、イナリサーミの人々の大切な漁場でもある。1984年10月撮影

離トラックの運転手らしき人、私のように季節外れの観光に来た二、三人のグループが一、二泊泊まる程度だった。部屋も本来は三、四人の相部屋なのだが、客が少なく私が一人で占拠していたので、他の客に煩わされることもなかった。しかも、窓からはイナリ湖が一望できる。風呂がないことを除けば、ほぼ快適に過ごすことができた。

当初はこのイナリに居着いて、資料収集とトナカイ飼育の現場の観察を行うつもりだった。しかし、サーミドゥオジの事務所を訪れると、資料購入の話が意外とスムーズに進んでしまった。というのは、ヘルシンキの事務所で紹介状を書いてもらっていたので、対応してくれた人が非常に好意的だったからである。そこでイナリ地方のサーミの伝統衣装一式（靴、ズボン、上衣、帽子）、白樺のこぶを彫って作ったカップ、白樺樹皮の容器、トナカイの角を柄にしたナイフ類、トナカイの角で作られた針入れ、トナカイの骨で作られた帯織用の織機、復元されたシャマンの太鼓などを注文した。

トナカイそりも購入したかったのだが、製作時間、値段、輸送の手間、そして相当以前に使われなくなっていたという事実を考えて、断念した。北欧のサーミたちは一九六〇年代から七〇年代にかけて「スノーモービル革命」というものを経験し、私が訪れる二十年も前に彼らの交通輸送手段はトナカイから自動車やスノーモービルに変わっていた。フィンランドでもノルウェーでも博物館のサーミ展示に、伝統的なトナカイそりと並んでヤマハのスノーモービルが展示されていた。すでにそれが彼らの文化として根付いていたのである。

結局、購入資料の大半はサーミドゥオジが薦めるものになった。その中には観光客用のお土産になるものも含まれていた。しかし、同時に基本的にサーミの人々がその当時実際に使用しているものだった。この団体はサーミの優れた伝統工芸の技術を後世に残すとともに、それを観光資源化しようともしていたが、そのミッションの中で何よりも重要なのは、当時サーミの人々自身が伝統的な衣服や道具類を使用していて、その需要を満たすことだった。つまり、この団体は死滅した技術を復活、復元するのではなく、実生活に生きている技術の普及と向上という役割を負っていたわけである。

スカンディナヴィアのバス旅行

衣服にせよ、道具類にせよ、注文してからできあがるまでに二週間から三週間かかるというので、他のサーミの居住地の見学と、イナリでは手に入らない他の地方の資料の購入を目的にして、フィンランドとノルウェーの北部を一周することにした。結局二十日あまりかけて、訪れたのは、訪問順に、ウツヨキ、ポルマク、カラショク、アルタ、トロムソー、ナルヴィク、キルナ、ユッカスヤルヴィ、エノンテキオ、カウトケイノの各町と村だった。それぞれの町村の間はバスを使い、宿泊は基本的には安い旅館に泊まったが、時折、高級ホテルも使った。風呂と洗濯のためである。バスの運行表はヘルシンキで購入した時刻表に出ているので、それと地図を参照しながら旅行計画を立てた。旅館やホテルの予約は、町や村のインフォメーションかホテルの受付で次の町についての情報を仕入れ、旅館やホテルの電話番号も聞いておいて、行く先々で電話して予約した。北欧は当時から治安のよいところだったが、スカンジナヴィア北部は人そのものが少ないので、その点でも安心して旅行することができた。

　バスには乗客はほとんどいなかった。この季節になると人を運ぶというより、郵便物を運ぶ方が重要な仕事になる。リクライニングシートで乗り心地がとてもよい大型のバスなのだが、そこに乗客はせいぜい十人程度で、私一人という場合も少なくなかった。それでもバスが定時に運行されるのは、郵便物の配達があるからである。運転席の周りに郵便物が積み上げられており、時折道路沿いに立てられてある郵便ポストに手紙や小包を投げ入れる。しかも徐行しながら前の扉を開けて、ぽいっと投げ込むのである。それがストライクでポストに入る。そのような光景や、北欧の雄大な自然景観を眺めながら、私は町から町、村から村へと旅を続けた。

この旅の途中で気がついたことなのだが、十月はちょうど秋から冬への変わり目に当たっており、同じ地域でも高度の違いによって天気が全く異なっていた。ノルウェー領に入ると、道は基本的に海岸に沿って走り、時折山の中に入って峠を越える。海岸に沿って走っていると緯度的には北緯七十度に達する極北地帯にいるにもかかわらず、この時期には雪はなく、日差しも暖かく感じられる。山の斜面は針葉樹に覆われ、海岸沿いには牧草地が広がる。そしてそのようなところでは海岸サーミやノルウェーの人々が海で漁に従事し、陸では牧場でヒツジやウマを飼っている。海岸沿いには漁師小屋があり、魚を干している風景も見られる。それに対して山の中に入ると、苔や地衣類、草本、灌木しか生えないツンドラ状の土地が広がり、すでに雪に覆われていて、そこでは山岳サーミの人々がトナカイを放牧している。ところどころ放置された円錐形のテントの骨組みが見られ、また実際にテントを解体しているところを車窓から見ることもできた。一九八〇年代当時は、トナカイの見回りや追い込みのために、昔ながらの円錐形のテントやドーム状のテントを使うことがあった。ただ、残念ながら、トナカイの群れはすでにもっと内陸に移動していたと見え、バスから群れを眺めることはできなかった。ノルウェー北部のフィヨルドを走る道を上下しながら旅していると、高度差による生態系と生業の違いをはっきりと知ることができるわけである。

サーミの人々

私がめぐった町や村で、サーミの村として知られていたのは、フィンランド側のウツヨキ、エノンテキオ、ノルウェー側のカラショク、カウトケイノといったところだった。それらはいずれも内陸の山岳地帯や、河川の流域である。かつてトナカイの毛皮で覆ったテントに暮らして、トナカイそりに乗り、トナカイの背に荷物を積んで遊牧生活をしていた山岳サーミの人々も、スノーモービル革命の後は、村や町に建てられた固定家屋に暮らし、スノーモービルを使ってトナカイの群れがいるところに通って、世話をしたり、決められた場所に追い込んだりするようになっていた。私が訪れた一九八〇年代には、生活水準が高い北欧の人々と同じような立派な家に住む人が多かった。これらの地域の町や村では家が軒を連ねるように建てられるようなことはなく、隣家との間が数百メートルから数キロも離れていることが普通なので、家がぽつぽつと散在するように見える。そして道路から離して建てられることが多いので、道路際に郵便ポストが立てられる。先述のように、バスの運転手はその家の郵便物を走りながらポストに放り込んでいくのである。

現代のサーミの人々は外見も他のヨーロッパ系の人々と変わりはない。全体的に小柄だといわれていて、実際に年配の人には私より背が低い人がいたが、若い世代では北欧系の人々と同じく、背が高く体格がよい人が多かった。顔つきも基本的にヨーロッパ系であり、着ているものも現代の服のことが多いので、外国人には見分けがつかない。ただし、カウトケイノやカラショクでは民族衣装を着ている人、あるいはその地方のサーミ特有の帽子を着用している人、サーミ風の毛皮の靴を履いている人などを結構見かけることがあり、また敷地の中に円錐形のテントを建てている家が見られたりして、これらの村ではサーミの「伝統文化」がまだ息づいていた。

私はこれらの町や村で必ず博物館を訪れて各地域のサーミの文化を勉強するとともに、サーミの民族工芸を扱っているショップを探して、資料購入を行った。ことにサーミの人口が比較的多いカウトケイノにはサーミの民族工芸や衣装を専門に扱うショップがあり、そこでこの地方の衣装類や小物類を仕入れることができた。村人に民族衣装を着て外出する人が結構多かったのは、このような店があり、品揃えも充実していたからだとすぐに悟った。

ポロエロトス（トナカイ選別作業）

二十日あまりの旅を終えてイナリに戻ると、あたりは全くの冬景色になっていた。まだ十月下旬だというのに気温はマイナス二十度近くまで下がり、琵琶湖に匹敵するほどの大きさのイナリ湖が完全に凍結して、その上で子供たちがアイスホッケーに興じていた。昼の長さはみるみる短くなり、さすがに極地方の冬の厳しさを感じ始めていた。しかし、戻ってきた日とその翌日は晩に珍しくよく晴れ渡り、空いっぱいにオーロラが輝いていた。すぐ部屋に戻るつもりで、セーター一枚で表に出て、初めて見る全天に広がるオーロラの美しさに見とれているうちに、宿の表玄関の鍵をかけられてしまって、危うく閉め出されそうになったこともあった。

帰って翌日にサーミドゥオジの事務所に出かけると、注文した資料は全て出来上がっていて、事務所に届けられていた。すでに観光シーズンは終わっていたのだが、各地のサーミの主婦や職人たちが急いで仕立てたり、製作してくれたりしたようで、感謝感激だった。早速事務所の職員たちに質問して、収集資料の基礎情報の聞き取りをする。すなわち、資料のサーミ語とフィン語の名称、制作者名、制作方法、用途、現在でも使用するのか、あるいはいつ頃まで使われていたのかなどを聞き出し、ノートに書き込んだ。資料は段ボール箱に詰めて、イナリ村の郵便局から送り出した。一番安い料金で送ったので、船便だったのだろう。それを帰ってからリトルワールドの先輩に報告すると不用心だと叱られた。普通博物館の資料のような貴重なものは、運送会社に頼むか、郵便でも航空便で送るものだという。確かに私もうかつだったが、さすがに北欧の郵便である。サーミの地から二ヶ月がかりで無事に全ての段ボール箱が博物館に届いた。

イナリを離れる前々日の十月二十六日にサーミドゥオジの事務所の人がトナカイの選別作業場に案内してくれた。そこでは、その年に新しく生まれた幼獣に所有者の印を付ける作業と、食肉として出荷するものを群れから分ける作業が行われていた。場所はイナリの村から車で二時間ほど西に向かったところで、レンメンヨキという古い金鉱山の跡地の近くだった。その日は天気がよく、特に寒い日で、トナカイの選別場周辺は真昼なのにマイナス二十五度まで下がっていた。

フィンランドではサーミの人々が飼うトナカイはほぼ一年中山の中で自由放牧されている。ここには野生のトナカイは一頭もいないので、自由に放牧されていても野生化することはまずない。全てのトナカイの耳に所有印となる切れ込みが施されている。現在は各地区にトナカイ管理組合が結成され、様々な所有者のトナカイを一つの群れにして一括管理しているので、古い民族誌にしばしば書かれていたような家族単位で群れとともに移動する生活をすることはもはやない。また、スノーモービル革命のあとにはトナカイの背に荷物を積んだり、そりを引かせたりすることもなくなり、トナカイは肉と毛皮を得るためだけに飼育されるようになり、所有者あるいは飼い主とトナカイの直接的な触れ合いはなくなってしまった。

山の中で放牧されているトナカイは秋になると、食用のトナカイの選別、新しく生まれた幼獣の所有者の確認と耳印の作成、成獣になる前の幼獣に対する去勢などのために、幹線道路近くに設置されている選別作業場に駆り集められる。そのためにスノーモービルを駆ってトナカイを駆り集める専門家が活躍する。トナカイを駆り集める作業はフィン語でポロエロトス、駆り集める人はポロミエスと呼ばれる。私がそこで見た作業はポロエロトスの最終段階で、すでにトナカイは選別場の柵の中に追い込まれていた。その中で組合の職員や所有者たちが投げ縄で自分のトナカイを捕まえて、一緒についてきた幼獣を確認したり、肉にすべきかどうかを判断したりしていた。

柵の外には解体されたトナカイの枝肉、毛皮、骨が山と積まれた場所があり、その辺りでは雪が血で赤く染まっていた。初めて見るものには結構刺激が強い光景だったが、気温が低くて全てのものが凍り付いているため、においは全く感じられず、それが刺激を和らげていた。しかも、作業をする人々は真剣そのものであり、見守る人々はお祭り気分で楽しそうにしているので、こちらもつい引き込まれてしまって、足下に転がるトナカイの残骸なども気にならなくなってしまった。トナ

写真４　ポロエロトスとサーミの人々。1984年10月撮影

カイを所有する人々にとってこの日は収穫の日なのである。

サーミの調査を終えて

この資料収集調査の最後にトナカイの選別現場に連れて行ってもらったことは、その後の私のシベリア、極東地域での調査に大いに役立った。まず、都市近郊のサラリーマン家庭で育ったものには、家畜を解体する現場を直に見るという経験はまずない。私もそうだったが、それを初めて見ることによって、正直軽いショックを受けるとともに、それが食べるということだということを改めて認識することになった。そのような人間的な成長とともに、その手順を見ることによって、別の地域で家畜や狩猟でとられた獲物を解体する場面を観察するときにも、その手順や方法、用具類に関する理解が容易になった。

　トナカイ飼育をめぐる社会関係の探求という観点から見れば、幼獣に耳印を施す作業は家畜の所有者を認定する作業でもあることから、そこにサーミの社会関係を垣間見ることができた。そして、選別作業の日はトナカイ所有者が一堂に集まるお祭りのような日であることも知ることができた。私は一日しかいなかったので、その詳細は語れないが、後に大学で私の二年後輩の葛野浩昭さん（現在立教大学観光学部教授）が、私が調査したイナリの少し北のウツヨキでトナカイをめぐる社会関係と耳印の付け方について詳しい調査をして、民族誌を残している。詳しくはそちらを参照されるといいだろう（葛野浩昭『トナカイの社会誌―北緯七〇度の放牧者たち』河合出版、一九九〇年）。

　トナカイの選別作業を見た翌々日の十月二十八日に厳冬期に入ったイナリを離れて、飛行機でヘルシンキに向かった。ヘルシンキはまだまだ秋が続いていて、木々の葉は既に落ちていたが、相変わらず冷たい雨が降り続いていた。しかし、気温は高く、マイナス二十度以下の寒さに慣れてしまった体にはコートは不要なくらいだった。わずか一時間のフライトで、真冬から晩秋に季節を逆戻りした訳である。しかし、十一月二日に東京に帰り着いたときには、紅葉もまだで、秋本番を迎えようというところだった。

3　ネネツのトナカイ飼育調査

NHKのシベリア取材

北欧でサーミに関する資料収集を行った翌年、私はシベリア担当の研究者ということで民博（国立民族学博物館）の助手に採用された。本格的なシベリア研究者に成長するためには、どうしてもソ連への留学が必要だったが、それは学生の身分ではできない。しかし、当時日本学術振興会とソ連科学アカデミーの間に研究者の相互派遣に関する協定ができていて、職を有する研究者ならばアカデミー所属の研究所で長期（十ヶ月以内）の研修ができる制度があった。私は民博に勤めるようになって二年目で早速この制度に応募し、一九八七年十月から翌八八年

地図2　ネネツ自治管区と調査地

六月まで八ヶ月間にわたってモスクワにある民族学研究所とレニングラード（現在のサンクトペテルブルク）の人類学民族学博物館で研修生としてすごした。その時の研究対象は修士論文とは地域も民族もテーマも異なり、日本に近い極東ロシアのアムール川流域のナーナイ、ニヴフといった先住民族の民族生成史における国家や王朝の役割についての研究だった。先にも触れた加藤九祚先生の研究方法を参考にして、中国側の漢文史料や満洲語の史料を民族誌と対比させて、その内容を再検討するという作業を行った。このときの研修の成果はその後博士論文の中に生かされることになる。

しかし、私がモスクワに赴く前にシベリアでの調査の話が舞い込んできた。今度はＮＨＫ（日本放送協会）が、ソ連側のゴステレビと呼ばれる国営テレビ局と協定を結び、シベリアでの取材と撮影許可を得て、シベリアについての大型番組を企画しているので、その手伝いをしてもらいたいということだった。この企画から制作された番組は、一九八九年四月から九〇年三月まで、「ＮＨＫスペシャル『北極圏』」というタイトルで毎月第四日曜日午後九時から十二回シリーズで放映された。

最初の話は当時ディレクターの一人だった長又厚夫さんの電話だったと記憶している。企画自体は、Ｍ・Ｓ・ゴルバチョフがソ連共産党書記長となってペレストロイカという政策を始めた頃からあったようなのだが、私に話が持ち込まれたのは、八六年の年末に近い頃だった。長又ディレクターの話では、広大なシベリア、極東地域の、特に北極海に面した地域を中心に取材したいということで、取材地域の選定などもソ連側と話し合ってかなりしぼられてきているということだった。

その中に私が修論で扱ったネネツの地域が含まれていた。私はシベリアの少数民族に関する情報提供と、ネネツの取材への同行という形で協力することになった。

五年前の映像記録センターの話と似通っていたが、冷戦が悪化していた当時とは政治情勢が大きく違っていた。ペレストロイカ政策にともなうグラースノスチ（情報公開）という政策によって、秘密主義の扉が少しずつ開き始めていて、取材交渉も事前調査もやりやすくなっていた。しかも、企画するのがＮＨＫであり、資金力も高かった。いくつもの難関がありながらも、この企画は実現へ向けて着実に進み、一九八七年から本格的な撮影が始まった。私がソ連にいた間にも、シベリアの民族に関する情報を集めるために、研修していたモスクワの民族学研究所とレニングラードの人類学民族学博物館まで取材班がやって来て、研究者たちに熱心に質問していった。しかし、私がソ連にいる間に彼らと一緒にシベリアを取材することはできなかった。ヴィザの種類が違うからである。当時はペレストロイカの時代とはいえ、私が得ていた学術交流ヴィザでは、研修場所となる研究所のある都市以外を訪れることは原則できなかった。私はモスクワ経由でシベリアへ出かける取材班を横目で見ながら、図書館や研究所での文献研究に明け暮れた。

ネネツの地へ出発

彼らと一緒にシベリアに出かけるチャンスは一九八八年の十月に訪れた。この年は六月に一度帰国し、七月から九月にかけて二ヶ月ほど中国での調査（第三章で詳述）に出かけた後、十月にシベリア取材班に同行したことから、大半を海外で過ごした。取材先はヨーロッパロシア北東部のアルハンゲリスク州のさらに北東部に広がるネネツ自治管区だった。そこはウラル山脈の西側だったが、ネネツのトナカイ遊牧民が暮らす地域であり、また、石油、天然ガスなどのエネルギー資源開発と伝統的なトナカイ遊牧とがぶつかり合い、少数者の伝統文化の保護か開発優先かという議論が、ソ連の環極北地帯（シベリア、極東だけでなく、ヨーロッパロシアの北極圏を含む）で初めて明るみに出された地域でもあった。それは一九八八年の二月の新聞記事が最初であるといわれる。一九八六年に起きたチェルノブィリ原子力発電所の事故以来、ソ連でも環境問題に関心が寄せられるようになり、かつてならばメディアに取り上げられることはなかった環境問題や開発問題を、地元の新聞記者が取り上げるようになっていた。取材班は人類学者が喜びそうな伝統的なトナカイ遊牧の現場とともに、環境問題や伝統と開発の問題が起きている現場を押さえることも目的としていた。

私は十月十一日に取材班とともに成田を発ってモスクワに行き、一泊の後すぐに飛行機でアルハンゲリスクに飛んだ。そこでしばらくネネツについての情報を集めた後、さらにプロペラ機でネネツ自治管区の行政中心地ナリヤン・マルに飛んだ。ナリヤン・マル到着が十月十六日の夕刻だった。ナリヤン・マルとはネネツ語で「赤い最果て」という意味で、いかにもソ連時代につけられた名称である。一九二九年にネネツ民族管区（後に自治管区と改称）が設置されると同時に建設された町である。そこでまず、若いながら自治管区の役場で民族部（正式名称は北方民族経済文化発展部）の部長に抜擢されていたネネツ出身のイヴァン・I・レトコフ氏、コミと呼ばれるウラル系の民族出身で、自治管区ソヴィエト副議長兼トナカイ飼育協会会長のヴォクーエフ氏にネネツのトナカイ飼育の現状についてインタビューを行った。そして翌十七日にはレトコフ氏とともにヘリコプターに乗り込んで、トナカイが放牧されているツンドラの状況の視察に出かけた。そこはナリヤン・マルからヘリで二時間ほど東に飛んだところで、ボリシェゼメリスカヤ・ツンドラと呼ばれる広大なツンドラの中にある国営農場（「ハルプ・ソフホース」という名称だった）の放牧地だった。

ネネツのトナカイ飼育の現場

放牧地に近づくと、まずヘリの爆音に驚いて走り去ろうとするトナカイの群れが眼下に見えてきた。二百頭ほどはいるだろうか。そのうちに赤いテント地にくるまれた円錐テントが見えてきて、ヘリはそのテントの近くの空き地に着陸した。初めて間近に見るツンドラの中を自由に走り回るトナカイの群れに、ネネツの特有の円錐形のテント。そのテントをくるんでいるのはトナカイの毛皮ではなく、現代のテント地（まだ夏のテントだったため）だったが、それでも修論で扱った世界が実際に目の前にあることにいたく感激した。さらに、四年前のサーミの調査では見られなかった木製の伝統的なトナカイそりも間近に見ることができた。

ネネツのそりはソヴィエト民族学では「サモエード型」と呼ばれるもので、滑走部分の上に支柱を後ろに傾けるように斜めに立て、その上に箱形の座席を設置したものである。部品どうしは、ほぞをほぞ穴に差し込む形で接合されていて、頑丈な造りになっている。つまり、そり全体のボ

写真５　ネネツのトナカイ放牧地。ソ連アルハンゲリスク州ネネツ自治管区のボリシェゼメリスカヤ・ツンドラにて。1988年10月撮影

写真６　ネネツのトナカイそり。撮影場所は写真５と同じ。1988年10月撮影

ディー剛性が高く、変形しにくい。ただし、座席の支柱が斜めに立てられているのは、地面の凹凸からくる衝撃を和らげるためであるといわれる。この剛性の高いボディーを持ったそりは、ツンドラのような比較的平坦な場所を高速で走り抜けるのに適している。つなぐトナカイは、夏は雪がなく摩擦が大きいので五頭から七頭、冬は二頭から四頭で、それらを横一列につなぐ。すなわち、強力な力で引っぱり、スピードが出るように設計されているのである。その場にいた牧夫たちがデモンストレーションの意味もあって走らせてくれたが、あまりにも早くて、カメラの構えが追いつかないほどだった。恐らく自転車よりも早く、軽く走るミニバイク程度の速度は出るのだろう。

ネネツは雪や氷のない夏でもそりを使って移動するが、ツンドラの大地に立ってみて、トナカイそりが最適な移動手段であることを実感した。ツンドラの地面は基本的にコケ類、地衣類、草本、灌木などに覆われ、下には枯れた植物の層が堆積していて、水分を含み、じめじめとして柔らかい。しかも谷地坊主（地面の上に盛り上がる草の株の塊。冬に地面の凍結で盛り上がった後、草の株の部分が持ち上がったままになり、それが何年か繰り返されるとこんもり盛り上がる塊となる）が多く、でこぼこだらけなのである。車輪では柔らかい地面にめり込み、谷地坊主のでこぼこにも対応できない。馬も谷地坊主や柔らかい地面に足を取られて歩けない。それに対してそりならば、重量を長くて幅のある滑走部分で分散させるので、地面にめり込むことはなく、谷地坊主の頭の上を滑らせて行くことができる。トナカイは偶蹄類で蹄が開くので、谷地坊主をつかむようにして、その上を軽快に走ることができる。ネネツのそりはこの環境下では最高の乗り物なのである。

テントの中も覗かせてもらった。テント地は薄くはないが、マイナス三十度にもなる冬の厳寒には耐えられそうにないと思えた。しかも、天頂部分は空いていて、雨や雪が舞い込んでくる。しかし、テントの中央部に鉄のストーブが置かれていて、薪が燃やされると、室内はかなりの高温になることがわかった。あたりには森はないので、燃料はどうするのか尋ねると、森のあるところまで出かけて自分たちで薪を集めることもあるが、農場が支給してくれるともいっていた。このテントは基本的に農場が管理しているものなので、ストーブなども備品で、燃料も農場が用意すべきものだったのである。

テントの中はかなり暖かいので、皆防寒具を脱ぎ、セーターどころかシャツ一枚の格好になっていた。テントには六人が生活していた。五人が牧夫で、ベテランと若手が半々ぐらいの割合でいて、交替でトナカイの世話と見回りをしていた。女性が一人いたが、それはこのトナカイ飼育班の班長の奥さんで、炊事、洗濯、テント内の掃除などの家事仕事と、テントの近くにいるトナカイの世話などを担当していた。彼らは一ヶ月交替でここに派遣されていて、そろそろ交替の時期だった。そのために翌日この班長と奥さんには別の村でも会うことになる。

ヘリから見えたトナカイも、このテントの住民に尋ねると、そり用の去勢トナカイであることがわかった。二百頭ほどいるらしかったが、それをテントのそばに駆り集めてきて、漁網やそりで作った臨時のフェンスの中に囲い込み、そりにつけるトナカイを選別するのである。選別が終わると彼らは解放される。しかし、テントからそれほど遠くには離れない。人によく馴れているせいもあるだろう。そしてこのテントの住民が管理する群れの本体は、そこからトナカイそりで何十分かいったところにあり、雄、雌、幼獣合わせて千頭ほどがまとまっているとのことだった。

石油開発の現場

ここの住民の悩みはオオカミの被害と最近始まった石油開発の廃材によるトナカイの事故だとのことだった。この年の初めに地元の新聞に取り上げられたことを海外のメディアにも話せるようになるだけ、言論が自由化されてきたわけである。また、同行したレトコフ氏もそれをできるだけ我々に伝えようとしていた。恐らく彼らの対応はペレストロイカの一連の政策とつながっていたはずである。

そこで早速レトコフ氏の案内で、石油試掘の廃材が放置してある現場に向かうことにした。ただ、その前に体を温めて行けとばかりに、お茶とトナカイのゆで肉が振る舞われた。ここで、私はフィンランドのサーミの調査以来久しぶりにトナカイの肉を食べた。ただ塩ゆでしただけだった。しかし、サーミの人たちには申し訳ないが、ここで食べたトナカイの方がおいしかった。というより、私が今までに食べたトナカイの肉の中で、ここで食べたものが一番おいしかった。フィンランドのサーミのトナカイの肉には独特の臭みがあり、それを、ベリーをベースにした甘いソースで弱めるのだが、ネネツのトナカイはその臭みがない。しかも、ほどよく脂が付いているので、塩味だけで十分いける。おそらくえさにしている苔や地衣類の質とストレスの少ない放牧環境が影響していると考えられる。このトナカイの肉に匹敵するのは、ヤクーチア北部のエヴェンの猟師のところでごちそうになった野生トナカイの肉だが、私の頭の中でネネツのトナカイのゆで肉が最高においしかったということがしっかり記憶されてしまった。

テントの中でトナカイの肉とお茶をごちそうになり、体も温まったところでヘリに乗った。結局そのテントがあるキャンプには二時間ほどしかいなかったが、それが私にとって初めてのトナカイ遊牧の現場体験となった。

その日は廃材現場を空撮してナリヤン・マルの空港に戻ったが、廃材現場は一口にいってひどかった。放置されて朽ち果てた鉄骨材があちこちに散乱し、使えなくなったトラックが放置され、水たまりには油が浮いていた。一応周りは草が生えているが、このようなところにトナカイの群れが迷い込んだら、けがをするものも出てこよう。負傷して群れから脱落したトナカイはオオカミの餌食である。別の日に出かけた石油試掘現場では、試掘用の櫓の周囲はキャタピラで走る万能装甲車（ヴェズジェホート）で走ったあとが縦横に走り、そこに生えていた地位類や草本類、枯れて堆積した植物の層がはぎ取られて、砂地がむき出しになっていた。

極北地帯では、降水量が砂漠かステップ地帯並みといわれている。それだけ少ない降水量でも砂漠にならないのは、蒸発量が降水量を下回っているからである。植物は地面に残された水分で生きている。ツンドラの地面が常に湿っていて柔らかいのは、水分をたっぷり含んだ植物の層があるためである。しかし、その植物の層をはぎ取られると、もはや水分を地面に留めておくことはできず、

写真７　石油の試掘現場。ソ連アルハンゲリスク州ネネツ自地管区にて。1988年10月撮影

乾燥していく。結果的に砂漠のような地面がむき出しになる。日照時間が短い極北地方では、そこが再び植物に覆われて緑のツンドラになるまでには何百年もの年月がかかるだろう。そのような場所はもはやトナカイの放牧地にならない。けがによって失われるトナカイ、万能装甲車で削られる放牧地、それはトナカイ牧民にとっては重大な損失である。しかし、その責任はだれが取るのか。だれが損失、損害を補償するのか。ペレストロイカ政策で不満の声を上げることができるようになったトナカイ牧民たちはこの頃から声を上げ始めていた。しかし、西側諸国のメディアはまだそれに気づいていなかった。ヤマロ半島におけるネネツのトナカイ牧民と石油天然ガス開発との軋轢が欧米のメディアに知られるようになるのは、それから数年後の一九九

〇年代半ばである。

トナカイ牧民たちの村

私と取材班は翌日、ナリヤン・マルからヘリで国営農場の本部が置かれているネリミンノスという村に向かった。その村はナリヤン・マルの町のそばを流れるペチョラ川という川の下流にある。前日ツンドラの真ん中で出会った牧夫たちの家族が住む村である。ソ連時代になり、遊牧生活は原始的で生産効率も悪いという理由の下に、ネネツのような遊牧民も定住村を作らされ、そこにロシア式のログハウスを建てて、そこで暮らすように強いられた。当初固定家屋に暮らすことに慣れていないネネツたちは、ログハウスの近くに自分たちの円錐テントを立ててそこに暮らし、そのうち、村を離れてツンドラに戻ってしまい、再び役人に呼び戻されるということを繰り返していた。一九六〇年代、七〇年代からソ連のシベリアや極東地域でもモータリゼーションが浸透してきて、森林地帯や河川流域では村に家族を住まわせながら、車やモーターボート、スノーモービルで猟場や漁場、トナカイ放牧地などに通えるようになった。しかし、車が使えないツンドラでは、ヘリコプターの普及をまたなくてはならなかった。ソ連時代ヘリコプターの使用は安かった。そのために、ツンドラで働く牧夫の交代や物資の補給、救急患者の搬送などに盛んに使われ、ネネツの遊牧民たちも村に家族を残して、遠いツンドラへ群れの世話をしに通うことができるようになった。私たちが取材に同行した当時、この村のネネツの牧夫は一ヶ月交代でツンドラと村とを往復していた。つまり、一ヶ月ツンドラで働くと一ヶ月は村に滞在するという体制である。村では単に休息するだけでなく、近くの川で魚を捕ったり、道路普請や住宅建設などの公共事業に従事したりする。ツンドラで働くチームは六、七人というところで、料理その他の家事仕事のために必ず主婦が一人同行した。前日ツンドラで出会った牧夫たちもこのようなメンバー構成だった。

端的に言ってしまえば、ソ連が理想としたトナカイ遊牧民の定住化とトナカイ飼育の産業化は、安く使えるヘリコプターの存在が前提となっていた。我々がナリヤン・マルでチャーターしたヘリも、交代となって村に帰る人や物資を村に運ぶのにたびたび利用された。

ところで、チャーターしたヘリコプターはソ連の国営航空会社アエロフロート所属の大型機で、オレンジ色の機体に青い色の帯が入り、上部にアエロフロートと会社名が入ったものである。私はこの取材に同行した調査以後、三回ほどお世話になるのだが、その度にチャーター料が跳ね上がった。NHKはツンドラを移動するのに徹底してこのヘリコプターを利用したので、全体ではかなり多額の金額を払ったと思われるが、それでも当時は単価がまだ安かった。一九九四年のヤクーチアの調査で使った時チャーター料が一時間当たり千ドル以上と聞いて、参加者全員（その時はオランダとアメリカの研究者も調査隊に参加していた）飛び上がって驚いたことを覚えている。それはソ連が崩壊して、価格が自由化され、さらに燃料費が高騰したことが関係していた。そのためにヘリコプターの運航を前提としたトナカイ飼育産業は崩壊の危機に瀕することになる。しかし、一九八八年時点ではまさか後にそのような事態になろうとは予想すらしていなかった。

写真８　毛皮の加工作業（ネリミンノス村の毛皮加工場）。1988年10月撮影

ネリミンノス村では小学校での授業の様子、地元の青年男女による民族アンサンブルの活動、主婦たちによる毛皮加工作業などを見学、取材した。毛皮加工場ではネネツの伝統的な毛皮の衣装を購入することを希望したが（ここで博物館員としての意識がむくむくと頭をもたげてしまった）、販売できる衣装がないとのことで、たまたま出来上がっていた毛皮製の長靴を二足購入した。さらに、昨日ツンドラで出会った班長の家庭を訪ね、インタビューした。彼の家族はツンドラでの生活を肯定的に捉えていて、娘さんの一人は将来もツンドラで生活したいということを語っていた。しかし、村の大部分の若者はツンドラどころか、村での生活にも満足せず、将来はナリヤン・マルかアルハンゲリスクあたりに出て働くことを夢見ていて、彼女はネネツのトナカイ飼育産業が今後どうなるか心配であるとも語っていた。

写真9　ヴァイガチ島のトナカイ飼育キャンプ。1988年10月撮影

ヴァイガチ島へ

この村での取材を終えた後、一度ナリヤン・マルに帰った取材班は、核実験場で有名なノーヴァヤ・ゼムリャでの取材を目指して、ヘリコプターでネネツ自治管区の最北の町であるアムデルマというところへ行き、そこに滞在することになった。しかし、結局ノーヴァヤ・ゼムリャに入ることは許可されず（当時としては当然のことであるが）、その手前のヴァイガチ島で再びネネツのトナカイ遊牧民の取材をすることになった。ヴァイガチ島は大陸とノーヴァヤ・ゼムリャとを繋ぐ飛び石のような位置にある島で、この島のちょうど真ん中を北緯七十度の線が走っている。地図ではノーヴァヤ・ゼムリャの隣で小さく見えるが、三四〇〇平方キロメートル（南北約百キロメートル、東西約四十五キロメートル）もあり、エトロフ島（三一〇〇平方キ

ロメートル）よりも大きい。高い山はなく、ほぼ全体がツンドラで覆われている。この取材にはナリヤン・マルからトナカイ飼育協会会長のヴォクーエフ氏が同行した。ヴァイガチ島へはアムデルマから五日間ヘリで通って調査を続けた。この島には一三〇〇頭ほどのトナカイを飼うネネツの家族（二世帯）と、アザラシやクジラなどを狙う海獣狩猟業に従事するネネツの村（五十世帯ほど）がある。

まず、ヘリで島の西海岸近くに設営されていたトナカイ遊牧民のキャンプを訪れた。そこには二つのテントが立てられていて、一つには老夫婦と息子夫婦が住み、もう一つにはもう一人の息子の夫婦と彼らの小さい子供たちが暮らしていた。彼らは一応大陸側にある国営農場の一員ということになっているが、実際には一三〇〇頭のトナカイを家族だけで管理していて、国営農場が立てる計画にしたがって、毎年トナカイの肉を供出することで給料を得ていた。しかし、同時に海岸地帯にいる海獣狩猟民たちとも姻戚関係にあり、トナカイの肉や毛皮とアザラシの肉やその毛皮で作った投げ縄などと交換して、トナカイ以外の肉やトナカイ産品以外で家畜の世話に使える道具類を手に入れていた。暖房や炊事に必要な燃料（この島では薪と石炭が使われていた）などは国営農場が定期的にヘリで運んでくれるとのことで、また、テントの中には無線機があり（それはツンドラのどのテントも同様である）、緊急のときはそれで国営農場の本部と連絡を取って支援を求めることができるようになっていた。社会主義時代にはそのような点での社会保障は充実していた。

ヴァイガチ島でのトナカイ飼育

一日目はあいさつだけだったが、二日目に取材班はテントでの暮らし、トナカイそりの乗り方、千頭を超えるトナカイをまとめる方法、そして、投げ縄を使ってトナカイを捕らえるところなどを撮影した。この島のテントも帆布でできた夏用テントで、これから冬用のトナカイの毛皮に張り替えるということだった。中は全体に草を敷き詰め、その上に平たい板が敷き詰められて床になっていた。そして周囲にベッドのように毛皮のクッションや布団が敷き詰められている。中央に箱形で上部に煙突が立つストーブが設置されている。入り口に入って右側が男性ないし客が座る場所で、そこにテーブルがあり、我々はそこでお茶や食事を振る舞われた。外はマイナス十五度程度まで冷え込んでいたが、中は非常に暑く、ダウンの防寒服はとても着ていられず、セーターでもまだ暑いくらいだった。テントの構造はシベリアではほぼ共通しているが、まず三脚を立て、そこに立てかけるように壁となる棒を円錐形に並べる。大きさは家族の人数などによって多少の差はあるが、大体、直系五、六メートル高さ四メートルほどである。中に入ると外観から想像するほどには狭いという感じはしなかった。

ネネツのトナカイそりの乗り方は、座席に左側から腰を下ろし、右足を座席に上げ、左足を垂らした形で座る。そして一番左側に立つトナカイの左頬から延ばした手綱を右手に持ち、左手に長さ二メートルほどの棒をもつ。左側のトナカイが先導トナカイで、棒でこのトナカイの背中をたたくと走り始め、後に続くように他のトナカイも走り始める。手綱を曳くと左に曲がり、緩めて先導トナカイの胴をたたくと右に曲がる。手綱を強く曳くと、左に曲がりながら停止する。棒はそりを発進させたり、トナカイを励ましてスピードを出させたりするときに使う。冬になると二～四頭立てになるが、それでも雪や氷の上でミニバイクほどのスピードは出せる。普段はこのそりに乗り、助手となる放牧犬を連れてトナカイの群れを見回る。放牧犬は何らかの拍子に群れから離れようとする家畜を追いかけて群れに戻す役割をする。テントに暮らす若い牧夫がその実演をみせてくれた。そのとき、ちょうど群れから離れ始めたトナカイがいて、それを彼の放牧犬が追跡して確実に群れに戻す姿も見ることができた。彼の話によると、ヴァイガチ島には大陸側と違ってオオカミがいないので、トナカイの成育には都合がよいということだった。

ふと見ると、ソヴィエト副議長のヴォクーエフ氏も見事な手綱さばきでトナカイそりを操っている。聞けば、彼はコミという民族の出身なのだが、彼の一家はトナカイ遊牧民であり、彼自身ツンドラの真ん中で生まれて、生地は定かではないという。つまり、子供の頃からトナカイと共に生きてきた人だったのである。

このテントで撮影と調査をしているうちに、極北の空はみるみる暮れていった。暗すぎて撮影ができなくなってきた時点でその日の取材を終え、ヘリコプターに乗って、アムデルマに帰った。

ヴァイガチ島の猟師たち

それから二日間はヴァイガチ島の周囲の自然景観の撮影に費やされた。実はこの島にはシャマン

写真10　トナカイそりを操るトナカイ飼育協会長ヴォクーエフ氏。1988年10月撮影

が残した偶像類が立つ場所があり、老牧夫がそれを案内しようといったのだが、とにかく平たい島で、目印になるような山や木がないので、ヘリを飛ばしてもなかなか見つからず、あきらめることにした。その代わり、島をヘリで一周し、その周辺の自然を空撮した。そこで初めて海が凍り始めるときに現れる蓮氷（凍り始めの板状の氷が相互にぶつかり、縁が盛り上がって、オオオニバスの葉のような形状になったもの）を目撃し、その美しさに見とれた。また、氷の上でアザラシがのんびり昼寝をしている光景にも出会えた。

最終日には、この島で海獣狩猟に従事するネネツの村であるヴァルネク村の取材と調査を行った。ここにはネリミンノス村のような固定家屋が何軒も建ち並び、公共の風呂の施設もあった。ソ連時代、村にはしばしば公共

写真11　蓮氷とアザラシ。1988年10月小野寺誠撮影

の風呂屋が設けられ、村人の健康管理に役立てられていた。風呂といっても基本的にサウナなので、暖まるためのベンチと体を洗う場所、それに湯と水をためる大きなバケツや樽が設置されているだけである。

そこでは、村とトナカイキャンプとの関係や海獣狩猟の様子、そこで使われる犬ぞり、そしてノーヴァヤ・ゼムリャのことなどを取材した。一応トナカイ牧民もこの村の所属になっていて、家を持っているのだが、普段は親戚や知人に家の管理をまかせて、ツンドラの真ん中でトナカイの世話をしているらしい。ここには学校がないので、学齢期の子供たちは皆ナリヤン・マルの寄宿学校に入ることになる。したがって、学齢期の子供たちは夏休みや冬休みになると村の家やツンドラのテントに帰ってくるのだが、そのときもヘリコプターが利用される。国営農場が手配してくれるのである。しかし、それも社会主義時代だからこそできたことで、ヘリコプターの運用手数料が高騰してしまった今日ではどうなっているのだろうか。

海獣狩猟の獲物は主にアザラシで、その肉は基本的に村で消費されるが、時折、内陸のトナカイ牧夫の家族との間でトナカイ肉との交換が行われるという。また、アザラシの皮を細く切って作った投げ縄は、丈夫でどんなに寒くなっても固くならないことから、トナカイ牧夫たちの必需品となっていた。犬ぞりは海獣狩猟民にとって必須の輸送手段である。それに乗って猟場を求めて海岸や氷の上を移動する。形はトナカイそりと同じだが、一回り小さい。そこに扇状に六匹ほどの犬を繋ぎ、曳かせるのである。乗り方もトナカイそりと同じく、手綱と棒で犬たちを制御する。餌はアザラシの冷凍肉である。

ティコ・ウィルコの消息

この村での取材で得られた私にとって重要な情報の一つは、ここに元ノーヴァヤ・ゼムリャのソヴィエト議長をしていたティコ・ウィルコの子孫が住んでいるということだった。ティコ・ウィルコとは、ノーヴァヤ・ゼムリャ出身のネネツの画家で、教育者で政治家でもあった人物で、ネネツの生活の近代化と社会主義社会建設に大きな役割を果たした人である。北方少数民族出身の知識人の先駆けのような人物でもある。しかし、晩年はノーヴァヤ・ゼムリャが核実験場となることに反対したために議長を解任され、ノーヴァヤ・ゼムリャからも退去を命じられてアルハンゲリスクで

写真12　元ノーヴァヤ・ゼムリャのソヴィエト議長だったティコ・ウィルコの墓。アルハンゲリスクにて。1988年10月撮影

生涯を閉じた。なぜこの人物が気になるのかというと、その七年前に日本映像記録センターでアルバイトをしていたときに、通訳兼助手ということで、スタッフの杉山忠夫さんとモスクワのソヴィンフィルムの事務所を訪ねたことがあったが、そのとき見本として見せられたのが『偉大なるサモエード』というティコ・ウィルコの生涯を題材にした映画で、それが私の頭に強烈に残っていたからである。

ヴァイガチ島のヴァルネク村でその直系の孫が公共風呂の管理人をしていた。彼自身もノーヴァヤ・ゼムリャで生まれたが、一歳になるかならないかのうちに出てしまったので、島の記憶は全くない。祖父の思い出はアルハンゲリスク時代のものしかないが、物静かで、いつも悲しそうな表情をしていたのを覚えているという。その後ナリヤン・マルなどを転々ともしたが、できるだけ生まれ故郷に近い所で暮らしたいということで、ヴァイガチ島で暮らすことにしたということだった。彼とともにインタビューに応じた猟師たちは、ヴァイガチもアザラシは多いが、次第に獲り尽くされてきていて、できれば資源が保全されているノーヴァヤ・ゼムリャで猟をしたい。しかし、政府が許さない上に、放射能汚染が怖いので近寄れないということを語っていた。後日私が帰国した後、取材班はアルハンゲリスクでティコ・ウィルコの娘にインタビューして、その生涯について詳しい話を聞いている。そのことも合わせ、彼の生涯と核実験に伴う北方少数民族の悲劇について一文を書いているので、詳しくはその拙稿を参照していただきたい（佐々木史郎「ティコ・ウィルコの悲劇―社会主義政権下のノーヴァヤ・ゼムリャ島のネネツ」黒田悦子編『民族の運動とその指導者たち』山川出版社、二〇〇二年）。またこのときの取材の記録は、NHK取材班編『北極圏』４（日本放送出版協会、一九八九年）に詳しい。

私は、ヴァイガチ島での調査の後、ナリヤン・マル、アルハンゲリスク、モスクワ経由で帰国した。それが十月三十一日である。十一月から民博で別な仕事が入っていたことと、どうしても一年以内には博士論文を書き上げなくてはいけないという事情があり、まだ後三週間残って仕事をするという取材班に最後までつきあうことができなかった。結局ネネツ自治管区でのNHK取材班に同行した調査は、実質二週間程度でしかなかった。しかし、この調査でトナカイ遊牧という活動の実態、すなわち群れの管理方法、そりの構造と使い方、テントの構造、トナカイ料理の種類、そして資源開発との軋轢とともに、ネネツという民族の底力をよく知ることができた。この調査での経験はその後のシベリアでの調査、特にヤクーチアでのエヴェンのトナカイ飼育民や狩猟民の調査に生きていくことになる。

第三章　内モンゴル・エヴェンキの遊牧世界

1　中国でのフィールドワーク――シベリアへの足がかり

シベリア研究の先人たち

ソ連時代にはシベリア、極東地域ではフィールドワークがほぼ不可能だったことはすでに何度も触れてきた。しかし、一九八八年にNHKの取材が許されたように、ペレストロイカが始まってからは、徐々に門戸が開いていたことも事実だった。そしてそこに着目して、なんとかシベリアでフィールドワークをしようという試みが日本と欧米の人類学者の間で始められようとしていた。しかし、門戸が開いたといっても一九八〇年代の状況では、それはまだごく小さな隙間程度の開放で、人類学者や民族学者が大手を振って調査に入れるような状況にはなかった。

第一章で、私の前にシベリア研究をする人類学、民族学の先人が六人ほどいたと述べたが、既に一九六〇年代からフィールドワークが不可能とわかっていてシベリア研究に挑戦する研究者がいた。

一人は先にも触れた加藤九祚先生である。国立民族学博物館で十年間教授をされたあと、相愛大学と創価大学で教授として教鞭を執られた。この先生はシベリア抑留を経験されており、そこでロ

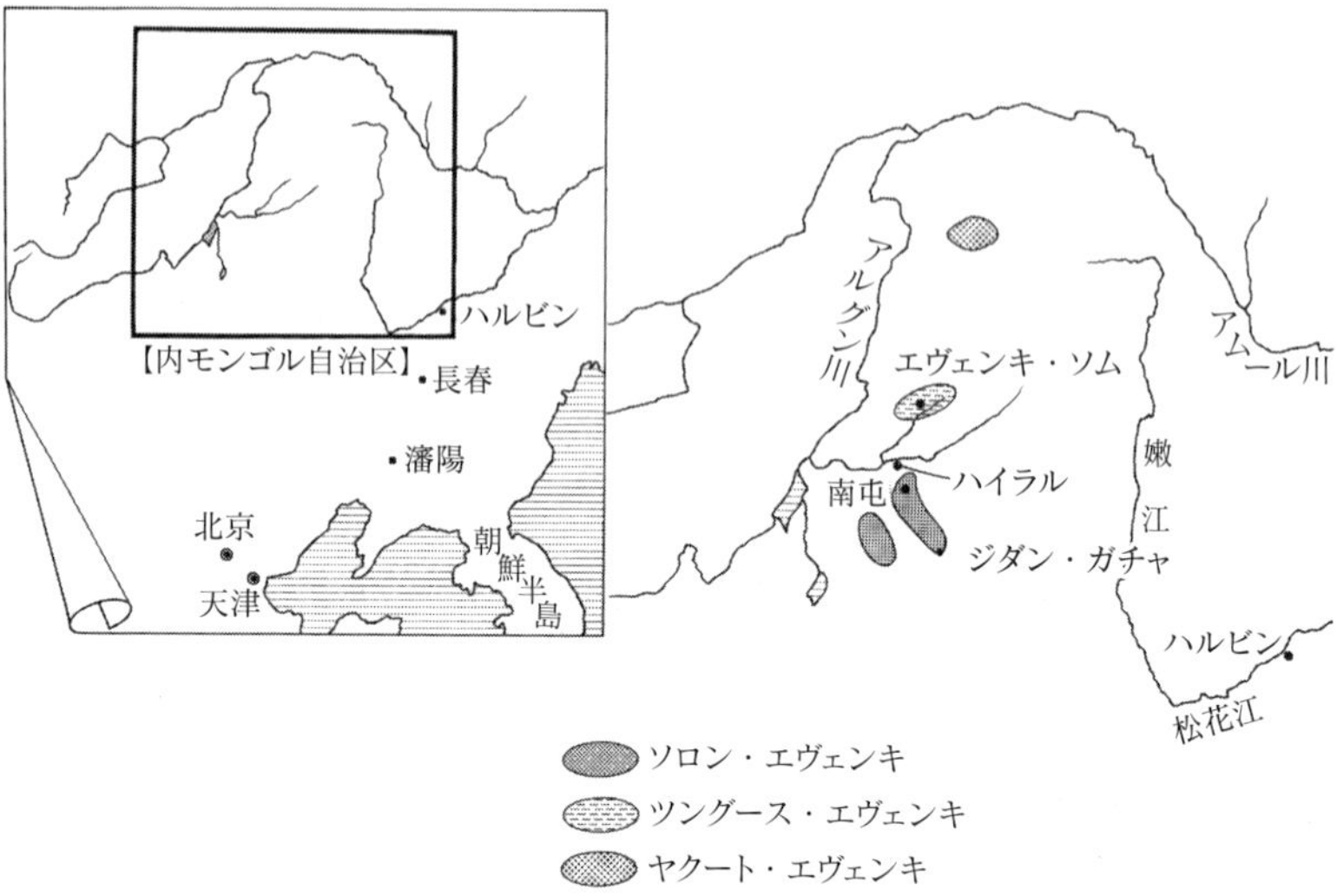

地図3　中国東北地方とエヴェンキの調査地

シア語を覚え、シベリア、中央アジアの文化に興味を覚えるようになり、民博におられたときには旧ソ連での資料収集と展示の準備に尽力された。現在の民博の中央・北アジア展示はほとんど彼が作ったものである。現在はウズベキスタンの仏教遺跡の発掘と中央アジア古代史の研究に専念されていて、九十三歳（二〇一五年現在）になられる今日でも、現役の研究者として毎年ウズベキスタンに出かけて発掘を指導されている。

二人目は齋藤晨二先生といい、長らく名古屋市立大学で教鞭を執られた地理学の先生である。専門は自然地理学で、とくに極北地域の永久凍土で起きる諸現象についての研究が専門だった。しかしそれと同時にその地域に暮らす先住民族の文化に興味を持たれ、モスクワの民族学研究所の研究員だったV・A・

トゥゴルコフの著作を二つ翻訳されている（『トナカイに乗った狩人たち―北方ツングース民族誌』刀水書房、一九八一年と『オーロラの民―ユカギール』刀水書房、一九九五年）。しかも、ソ連で行われた地理学の学会にしばしば出席され、そのエクスカーション（学会の研究大会に付随する小旅行）に便乗して、ヤクーチア北部などシベリア極北地方にしばしば出かけられており、隠れたシベリアフィールドワーカーだった。この先生はヤクーツクにあるソ連科学アカデミーシベリア支部永久凍土研究所（現在のロシア科学アカデミーシベリア支部永久凍土研究所）や、同アカデミー人文学研究所との関係を活かして、ソ連崩壊後の一九九三年から二〇〇〇年にかけて、ヤクーチアでの人類学的な調査のリーダーとして活躍することになる。

三人目は黒田信一郎先生で、私が先生を知ったのは修士課程に入学したばかりのときだった。その時既に北海道大学文学部北方文化研究施設（現文学部北方文化論講座）の助教授をされていた。この先生は東京都立大学の大学院でニヴフ（ギリヤーク）の社会に関する研究をされた後、フィールドを求めて一時ネパールのグルン社会の調査をしていた。しかし、帯広畜産大学を経て北大に勤務するようになってニヴフやツングース系諸民族の研究に戻り、一九八〇年代からシベリアでのフィールドの機会を虎視眈々と狙っていた。彼は中国東北地方や内モンゴルにも、シベリアにいる民族と同じ系統の言語、文化をもつ人々がいることに着目し、そこからフィールドに入ることを思いつく。

四人目は井上紘一さんで、私がフィンランドに行くときに相談に行った先輩の一人である。彼はソ連民族学の理論面での動向を中心に研究していて、あまりフィールド派ではないという評判だった。私が卒論で取り組んだＹｕ・Ｉ・セミョーノフの著作の翻訳者の一人でもあった。しかしソ連崩壊後、彼は精力的にシベリアでフィールドワークを行い、北極海に面した地域はほぼ全域を回っている。私がシベリア研究を始めた当時は黒田先生と同じ北大の北方文化研究施設で助手をしていたが、後に中部大学から北大スラブ研究センターに移り、センター長まで勤められた。

五人目は荻原眞子さんといい、やはり私の大学の先輩に当たる人である。口頭伝承やフォークロアが専門で、研究対象となる民族は北海道、樺太、アムールから、東シベリア、北米の先住民族まででおよび、広い視野と該博な知識を持った研究者である。北方研究者の中では大林太良先生の研究方法を最も忠実に受け継いでいて、千葉大学の教授（文学部日本文化学科ユーラシア言語文化論講座）になられてからは、シベリアでの調査を続けながら、後進の指導にも熱心に当たられ、言語学と民族学の分野で多くの若い研究者を育成した。

六人目は大塚和義さんで、民博の教員としては先輩に当たる。この人は元々考古学出身で、長らく北海道のアイヌ民族に関する研究に従事し、民博のアイヌ展示を制作した。アイヌ文化と関係が深いサハリン（樺太）、アムール川流域の先住民族の文化の研究も始め、さらにそこから関心を拡大して、内モンゴルのオロチョン、エヴェンキなどのツングース系の民族の文化にも関心を持つようになった。私が中国でエヴェンキの遊牧文化、狩猟文化の調査をしていたのと同じ頃、彼もオロチョンとトナカイを飼うエヴェンキの調査をしていた。

私が民博に職を得た当初、まず私に旧ソ連でのフィールドワークの道を開いてくれたのは加藤九祚先生だった。一九八五年に一ヶ月半にわたって、シベリア、中央アジア、モスクワ、レニングラードを回った旅行は今でも懐かしい思い出である。今は独立国になっているウズベキスタンもトルクメニスタンも、一時は政情不安に揺れたタジキスタンも当時は皆ソ連の一部だった。そのために、中央アジアの諸地域も国境でのパスポートやヴィザのチェックなしに旅行できた。ただし、外国人が入れる町や地域は限られていた。その旅の主要な目的は中央アジアでの資料収集だった。先生は私にソ連での資料収集の方法を伝授しようとされたのである。しかし、先生は翌年の三月で定年退官されてしまい、その後一緒にフィールドにいく機会には恵まれなかった。

黒田先生の中国調査への挑戦

代わって、フィールドワークの機会を提供してくれたのが黒田信一郎先生だった。彼はフィールド派であることを自認しており、それだけにシベリアに行けないことに忸怩たる思いを抱き続けてきた。しかし、思いもかけないところからその機会が巡ってきた。それは中国からだった。

中国も社会主義国家であり、その秘密主義的な性格はソ連以上と考えられていた。特に文化大革命（一九六六年～七七年）当時は、そこで何が起きているのかを正確に把握している人は日本にはきわめて少なかった。しかし、一九八〇年代に入って鄧小平の「改革開放」路線が安定してくると、逆にソ連以上に門戸を海外に広げ始めたように見えた。黒田先生はそれを利用しようとした。黒竜江大学や内モンゴル大学の人類学や民族学、あるいは言語学の教授や研究者に接触し、共同調査の打診を始めたのである。なぜ中国の黒竜江省や内モンゴル自治区かというと、そこには赫哲族（ヘジェあるいはホジェン）、鄂倫春族（オロチョン）、鄂温克族（エヴェンキ）といったツングース系の民族がおり、彼らはソ連側のナーナイ、エヴェンキなどに相当する民族で、しかも居住地域がその延長上にあったからである。いいかえれば、ソ連側でできない調査を中国側の同類もしくは類似の民族の間で行い、それを足がかりにしてソ連のシベリアや極東での調査につなげられる、あるいは、そこまでできなくても、最低限中国側にいるツングース系民族の調査はできると踏んだのである。

黒田先生は黒竜江省と内モンゴル自治区で予備調査をした結果、内モンゴル大学の協力を得て、内モンゴル自治区の北東部のフルンブイル盟（漢字では呼倫貝爾、ホロンバイルなどと呼ばれることもある。現在はフルンブイル市となっている）にいるエヴェンキの調査をすることに決めた。その時、彼は北大にいた若い言語学者を言語学調査班の班員に含めたが、人類学調査班では私に声をかけてきてくれたのである。ここで私は初めて言語学の研究者との学際的な共同調査、そして内モンゴル大学の言語学研究室との国際共同調査というものを経験することになる。この調査は、私も含めた当時二十代から三十代の若い研究者たちにとって、貴重な経験となった。またその成果も、将来的な展開の可能性も含めて、非常に大きかった。

科研プロジェクトの組織

この調査プロジェクトの中核は「中国・内蒙古エヴェンキ族の言語文化に関する実地研究」と名付けられた文部省科学研究補助金（海外学術研究）による調査だった。代表者は黒田先生で、一九八八年から三年間実施する予定だった。それ以外に、先生はサントリー財団や網走市（当時北海道立北方民族博物館の創設準備が行われており、そのための資料収集を委託されていた）などから若干の資金援助を得ていた。また、いくつかの企業からテレビモニターやビデオデッキ、カメラなどを現物で援助してもらうことにも成功した。それらは内モンゴル大学の協力に対する一種の対価として寄贈される予定のものだった。一九八〇年代当時、日本製のテレビやビデオデッキ、ビデオカメラ、あるいはカメラなどの電化製品や精密機器は、中国やロシアでは神話的存在であり、個人も機関も喉から手が出るほどに欲しがっていた。良心的な交渉者だった黒田先生はできる限り内モンゴル大学側の要望に応えようと、いろいろと折衝をして企業に寄贈を申し入れたり、できるだけ安く購入したりして用意したのである。

調査隊のメンバーは大きく三つの班に分かれていた。最も大人数だったのは言語学班で、当時小樽商科大学商学部助教授をしていた津曲敏郎さん（現在は北大大学院文学研究科教授で、総合博物館館長）、北海道大学大学院文学研究科の院生でツングース言語学を志望していた風間伸次郎さん（現在東京外国語大学教授）、内モンゴル大学からは言語学の主任教授のチンゲルテイ教授、エンフバトゥ副教授、ハスバートル講師（現在は教授）が参加した。人類学班には代表者の黒田先生と、私、それに北京から中国社会科学院民族研究所（現在の中国社会科学院人類学民族学研究所）のチョク研究員が加わった。中国側の参加者は全員言語学者で、チンゲルテイ先生とハスバートルさんはモンゴル、エンフバトゥさんはダフール（達呼爾族）、そしてチョクさんはエヴェンキ（鄂温克族）出身だった。彼が人類学班に加わってくれたおかげで、エヴェンキの村に入って調査するときに村人とのコミュニケーションがより円滑になった。もう一人立教大学の助教授で中国文学を専攻されていた谷野典之さん（現在は立教大学異文化コミュニケーション学部教授）が加わり、民俗学的な調査を担当された。彼は中国語が堪能で、この調査隊の通訳をされるとともに、エンフバトゥさんと口頭伝承を採録しに出かけることが多かった。さらに、宿泊や列車の切符の確保など、この大掛かりな調査隊全体のマネージメントを担当するために、内モンゴル大学のフグジルト副教授（現在は教授兼副学長）が同行した。そして、黒田先生の友人で、北海道新聞の記者の佐藤孝雄さんという方が日程の途中まで同行した。結局日本側六人、中国側五人、総勢十一人の大調査隊である。

ただし、この調査隊ははじめからいろいろトラブルが付いて回った。一九八八年七月十五日に成田空港を発って、北京に向かったが、北京空港の税関で、我々が運んできた機器類が引っかかってしまった。それらは内モンゴル大学に寄贈予定のテレビモニターやビデオデッキの類いだったが、当時、それらは高い関税がかけられていて、税金を払わないと国内に持ち込むことはできなかった。それで入国がかなり遅れてしまったのだが、その時は迎えにきていたフグジルトさんが税関の職員を説得して（というよりは実際にはうまく丸め込んで）、なんとか無事に通してしまった。少々神経質な黒田先生はそれで出鼻をくじかれたようになり、意気消沈してしまっていたが、それでも若い頃学んだモンゴル語（彼は東京外国語大学のモンゴル語科出身だった）でフグジルトさんたちとやり合う姿は格好よかった。

北京では内蒙古賓館というホテルに泊まり、翌々日に目的地の一つであるハイラル市（海拉爾市、現在はフルンブイル市ハイラル鎮）に向けて北京駅を出発した。北京からハイラルまで当時は二泊三日の列車の旅だった。フグジルトさんの事前の手配によって、往路は「軟臥」と呼ばれる高級な寝台車で旅することができた（復路は寝台どころか指定席すら取れない状態だったが）。

2　内モンゴルのエヴェンキ

中国のエヴェンキの三グループ

中国には二万人ほどのエヴェンキ（鄂温克族）がおり、その大半は内モンゴル自治区フルンブイル市に属するエヴェンキ族自治旗（鄂温克族自治旗）に暮らす。ここに多数の「エヴェンキ」と称する人々がまとまって住むようになったのは、十七世紀の清とロシアの間の紛争、十九世紀末から二十世紀初頭の帝国主義列強の中国侵略とロシア革命、一九五〇年代に実施された現在の中国政府による「民族識別工作」、そして一九六〇年代からの中ソ対立などの歴史的な国際情勢が関係している。

中国に暮らすエヴェンキは方言とその来歴から三つのグループに分類されている。

一つはソロン・エヴェンキ（索倫鄂温克）と呼ばれるグループで、中国のエヴェンキの中では最も人口が大きく、八十パーセント以上を占める。彼らは戦前の日本では「ソロン」（索倫族）という名称で知られた人々である。彼らの祖先は十七世紀までは多くがアムール川の左岸に流れ込むゼーヤ川の流域にダフールと呼ばれるモンゴル系の人々とともに、牧畜、農耕、狩猟などを生業にして暮らしていた。それが十七世紀のアムール川流域の領有をめぐる清とロシアの対立の過程で、ダフールとともにアムール川の右岸地域、特にロシアとの国境に近いフルンブイル草原に移住させられ、ソロン八旗と呼ばれる軍事行政組織に編入されて、国境防衛に当たることになった。そしてそのまま、そこが彼らの常住地となり、モンゴルの遊牧文化を取り入れて、天幕（ゲル）を張って家畜の群れとともに、移動する遊牧民になった。彼らは主にハイラル川（ハイラル鎮の中を流れる川で、アルグン川に注ぎ、アムール川に合流して、その水は、最後はオホーツク海に流れ込む）の南側の草原地帯から丘陵地帯にかけて居住していて、エヴェンキ族自治旗の主要な住民である。

もう一つはツングース・エヴェンキ（通古斯鄂温克）と呼ばれるグループである。彼らはハイラル川の北側のチンバルグ旗（陳巴爾虎旗）東部に居住する人々で、元々はソ連側（ロシア側）の草原地帯にいた。彼らはモンゴルや満洲からハムニガンとも呼ばれた人々の子孫である。その一部が一九一七年のロシア革命後の混乱を逃れて中国側にやってきて、今の場所に定着したのである。ツングースとはロシアではエヴェンキの旧称であることから、ツングース・エヴェンキとは同語反復のようであるが、由来はロシア側でツングースと呼ばれていたというところにあるらしい。調査に協力してくれた老人の話から、そのグループが、十七世紀に清朝に所属しながら、近隣のグループとの紛争の際の清の対応に不満を持ち、ロシア側に移っていったガンチムールという有力者に率いられた一団の子孫であることを知った。彼らはロシアに服属後ロシア正教徒となり、ガンチムールの一族はモスクワに移って、ガンチムールスキーとロシア風の姓をつけて貴族の一員となった。また、地元に残ったものはブリヤートらとともに、中国国境近くの草原で遊牧生活を送るようになった。その一部が中国側に逃れたのである。したがって、彼らの中でも年配の世代はロシア語が堪能で、私は彼らと会話することで直接民族誌的な、あるいは歴史的な情報を仕入れることができた。

第三のグループはヤクート・エヴェンキ（雅庫特鄂温克）と呼ばれる。彼らはさらに北のエルグネ左旗（額爾虎納左旗）のオルグヤ郷（敖魯古雅郷）を中心に居住し、山岳森林地帯でトナカイ放牧を生業とする人々である。オルグヤは本来彼らの言語でいう「ホルーヤ」が変形したもので、ホルーヤとはヤナギの木が生えているところを意味するという。彼らはロシア側のヤクーチアでトナカイを飼育しながら狩猟と漁撈とに依拠して暮らしてきた人々で、十九世紀の初め頃から放牧地と猟場を求めて南下してアムール川やアルグン川（額爾虎納川）を越えて現在の中国領に入ってきたといわれる。ヤクーチアからきた人々ということで、ヤクートの名前が付いただけで、彼らはサハ民族（ヤクート民族）の一派というわけではない。彼らは中国のエヴェンキの中では、シベリアに広く拡散して暮らすエヴェンキに言語・文化の面で最も近い。

彼らが中国領に移住してきた当時はロシアと清のあいだの国境は厳密ではなかったために、ヤクーチアとの間の季節的な往復も可能だった。しかし、ロシアや中国の近代化とともに国境管理が厳重になり、特に一九五〇年代末に中ソ関係が悪化することによって、彼らは完全に中国領の中に閉じ込められてしまった。しかし、ロシア側に親族を残していたものもいて、私が調査した一九八〇年代末には四十代ぐらいまでの比較的若い層でもロシア語ができる人がいた。中ロ国境の緊張が解けた今日では、国境を越えた交流も可能になったと聞く。このグループは二百人内外しかおらず、さらにそのごく一部の人が政府からの委託という形でトナカイを何百頭か飼っている。近年中国政府は山奥でのトナカイ飼育や狩猟に依拠する生活を改善すると称して、中心となる村を南に移転させたという話も聞く。

なぜ「エヴェンキ」なのか

この三つの来歴を異にする集団が「エヴェンキ」(鄂温克族)という一つのグループにまとめられた最大の要因は、「オウンキー」と聞こえる自称(əwəŋki:)を共有していたことである。本書ではその同じ自称をロシア語風に綴った「エヴェンキ」(эвенки)という形を民族名として使用している。ロシアではこれが正式の民族名称で、学術的にもこの名称が一般的だからである。この三つの集団は、学術的には別の「民族」として扱うべきで、もしまとめるのならば、中国で「オロチョン」(鄂倫春族)として行政的に別民族とされた人々もまとめてしまうのが、彼らの言語、文化、帰属意識の異同を基準とした場合に整合性のある分類である。ロシアはそのように扱っている。しかし、中国政府はフルンブイル草原とアルグン川右岸の森に暮らす、自称を共有するこの三つの集団を一つの「民族」として「識別」し、アムール川右岸の中流域、上流域の森で暮らす人々を「オロチョン」として区別した。そこにはある種の政治力学が働いたのだろうが、ここでは深く詮索しない。そして、スンガリー川（松花江）流域とウスリー川（烏蘇里江）流域の住民を「ヘジェ」（赫哲族）として識別し、巨大な民族集団である「マンジュ」（満洲あるいは満族）、そのマンジュの分派で新疆に暮らす「シベ」（錫伯族）とともにツングース系の言語を話していた人々を五つの公式の「民族」に分類した。

一九八八年の調査ではソロン・エヴェンキの主要な村の一つであるイミン・ソム（伊敏索木）とツングース・エヴェンキの村であるエヴェンキ・ソム（鄂温克索木）を訪れ、人々の生活の観察とインフォーマントへのインタビューを行った。ソム（索木）というのは旗の下の行政単位で、村と同じ意味だが、いくつかの自然村を集めたいわゆる行政村である。なお、ヤクート・エヴェンキに関しては、ハイラルの役場にこのグループの出身の女性がいて、ロシア語が堪能だったことから、彼女からオルグヤの話をよく聞くことができた。

3　ソロン・エヴェンキの調査

イミン・ソムへ向けて出発

七月二十三日、日中合同調査隊の一行十一人は全員チャーターしたマイクロバスに乗ってハイラルを出発し、イミン・ソムを目指した。ハイラルの南方九キロメートルの所にエヴェンキ族自治旗の行政府がおかれている南屯（モンゴル名バイントハイ、巴彦図海）という町がある。そこは言語学者のチョクさんのふるさとであり、彼の家族が暮らしている。彼のつてもあり、旗の人民委員会副議長のシャグダール氏を紹介されて同行してもらうことになった。道案内兼お目付役と言ったところである。集落はさらにそこからダフールの村であるバインタラー（巴彦塔拉）郷、ブリヤートが多く住む村であるバロンソム（巴倫索木）などと続くが、それらを過ぎると草原の中を舗装された道路が一本続くだけになる。途中から鉄道が並行して走っているのに気づいた。

イミン・ソムの北には中国有数の露天掘りの炭鉱があり、そこで働く労働者が暮らす伊敏鉱区と呼ばれる町が形成されていた。我々はまずその町の招待所（当時外国人も宿泊できるのはこのような招待所と呼ばれる施設だった）を宿にして、そこからイミン・ソムの中心地に通いながら調査することにした。昼食後、早速全員でソムの中心地に向かう。炭鉱までは舗装道路だったが、炭鉱を過ぎるととたんに舗装はなくなり、道は草原の中を車の轍が走るだけになった。しかも前日降った雨でぬかるみ、轍が掘られてでこぼこだらけになっている。それでもよく晴れた日のフルンブイル草原は見事だった。人の腰から背丈まで届きそうなよく生育した草が青々と一部の隙間なく生い茂り、なだらかな起伏を造りながらどこまでも続く。一面見渡す限りの緑の絨毯のように感じられる。見上げれば抜けるような青空が広がり、日差しは強いものの、風は少しひんやりとしてさわやかである。景色のよいところに車を止めてもらって、小休止する。眼下には空を青く映したイミン川が自由に蛇行する姿が広がる。川に沿って目を上流に向けると、はるか向こうにイミン・ソムの中心地とこのソムに属するビリュート・ガチャの集落が遠望できる。

ソムの中心部に着くと、まずソム人民政府（村役場に相当する）を訪問して、そこのソムダ（村長）から、ソムの基本情報を聞く。ソムダはいかにも行政の長らしく、まじめな人で、我々の質問にも丁寧に答えてくれた。彼によれば、このソムには八つのガチャ（満洲語のガシャンなどと語源を共有する言葉で、このソムの場合にはほぼ自然集落を意味する）があり、総人口は三千人（一九八八年当時）で、その内訳はエヴェンキが九百人、モンゴルが千人、ダフールが二百人、漢族が五百人、それにオロチョンと朝鮮族が若干名であるとのことだった。ソムの総面積のうち四十パーセントが森林、十六・五パーセントが草原で、残りは山川である。主要産業は牧畜で、特に乳製品の製造が盛んであるという。私たちの研究対象であるエヴェンキが特に多く住むガチャは、ジダン、ホンゴルジ、ビリュート、ウィトクン、イミンの五つで、ジダン・ガチャを除く四つのガチャは草原に位置していて牧畜業が盛んである。ジダン・ガチャだけは大興安嶺の麓に位置して森が多く、住民は狩猟に従事することが多いことで有名であるという。シベリアの狩猟エヴェンキとの比較という観点から調査しようとしていた我々にとっては、これは耳寄りの情報だった。

狩猟民の村ジダン・ガチャへ

翌日は中国側のスタッフにとっては大忙しの一日となってしまった。というのは、黒田先生が前日のソムダの話から、突然ジダン・ガチャへ行きたいと言い出したからである。このガチャはソムの中心から七十キロメートルも離れており、しかもそこへ通じる道は悪路で、ジープのような四輪駆動車でないと無理だとのことだった。したがって、確保された四輪駆動車の数に応じて行く人数を決めることにした。しかし、そこでフグジルトさんら内モンゴル大学の先生たちが頑張ってしまった。炭坑側の協力もあったようだが、結局北京ジープ（当時の中国製四輪駆動車の俗称）が三台用意され、南屯から同行してきたシャグダール氏を入れて十二人全員がジダン・ガチャに行くことになってしまった。

いわれていた通り、道はかなりの悪路で、北京ジープは左右に揺れ、上下に飛び跳ねながら草原の一本道を進む。午前九時に炭坑の招待所を出て、ジダン・ガチャに到着したのは十一時半を回っていた。道は途中から森の中を抜けていくようになる。

三台の車はまずこのガチャの書記長の家に横付けされた。車が到着すると村人たちが出てきて、物珍しそうに我々を遠巻きに眺めている。しかし、シャグダール氏が同行していたおかげで、人々

写真13　草原を行く「北京ジープ」と黒田信一郎先生。1988年８月撮影

は安心したと見え、比較的順調に村に入ることができた。また、村人の多くがエヴェンキ語の他に、モンゴル語と中国語（漢語）ができ、我々の隊とのコミュニケーションが円滑にいったことも幸いした（ただし、私はそのいずれもできなかったが）。

書記長は女性でアイホア（愛花）さんといい、名前は漢族風だが生粋のエヴェンキだとのことだった。彼女のご主人もエヴェンキで、猟師だという。エヴェンキ語を母語とするがモンゴル語も流暢だった。彼女によれば、ジダン・ガチャは昔から猟師の村で、一九八一年にイミン・ソムの一つのガチャとして承認されたという。調査した一九八八年当時は戸数三十七戸で、人口は百数十人。産業は狩猟業の他に林業と牧畜業があるという。この村は狩猟の村として有名で、確かに狩猟も盛んだが、実際の収入面で

写真14　ジダン・ガチャで飼われていたヘラジカの幼獣。1988年７月撮影

は牧畜業の方が比重は高い。アイホアさんにはお話の後、村の中を案内してもらった。

このガチャでは確かに雰囲気が他のエヴェンキの村とは異なる。ソロン・エヴェンキの生活様式は基本的にモンゴルに近く、遊牧的である。ガチャといっても、広い草原の中にゲルや木造の家屋が転々と散在するだけである。しかし、このジダン・ガチャではゲルが一つも見られず、さらに、家屋の密度が高い。それはここの住民がガチャを基地にして、山岳地帯の森へ狩猟に行くという生活様式をとっているせいである。

村を案内してもらっていて我々の関心を引いたのは、シャマンの面と呼ばれるお面を神棚に飾る家があったことと、ヘラジカ（ハンダハン）の幼獣を飼っている家族がいたことである。お面はどうやらその家の主婦の祖母の形見だったということだが、本来は森の守り神の姿だそうで、シャマンがかぶる面ではないという話だった。ヘラジカを飼う家があるのは、猟師が多く暮らしている証拠で、この村では食事に、遊牧民に一般的なヒツジの肉ではなく、ヘラジカの肉が出されることが多かった。

ジダン・ガチャの狩猟文化

初めてエヴェンキの猟師の村に来たことで、調査隊ではもう少しこの村について詳しく調べようということになった。しかし、突然外から十二人もの人間が来てもこのガチャには招待所のような宿泊施設はない。内モンゴル側のスタッフは、自分たちはいつでも調査に来られるということで、村人と同じエヴェンキ出身のチョクさんを除いていったん全員炭坑に帰って近くのガチャで調査することにし、日本側は団長の黒田先生、副団長格の津曲さん、風間さん、そして私の四人が残ることになった。私たちは猟師の孟慶国さんという猟師の家に泊めてもらって二日ほど調査することになった。

孟氏はその姓名からわかるように漢民族出身だった。しかし、エヴェンキの女性と結婚して完全にこのガチャでの生活にとけ込み、今や腕の良い猟師として村人の信頼も厚い。言葉も漢語の他にモンゴル語、エヴェンキ語を自由に話す。午後四時過ぎに炭坑に戻るメンバーが去った後、孟氏宅に招かれ、早速ヘラジカの乾し肉とアルコールの強い蒸留酒（いわゆる白酒）で歓待された。この時のヘラジカは乾し肉だったせいか少々癖がある味だったが、慣れると酒の肴にはぴったりだった。

写真15　ヘラジカの肉が入ったうどん。その向こうには白酒が入ったグラス

また、翌日同じ乾し肉を入れたうどんもごちそうになったが、こちらはとてもうまいと感じた。結局酒盛りは夜十時過ぎまで続き、狩の話などで盛り上がった。

ガチャの朝は早かった。朝五時過ぎには皆起きて活動を始める。我々もその頃に起き始めた。前日の酒の酔いがまだ頭の後ろあたりに残っている。しかし、近くを流れる冷たい川の水で顔を洗うと、いっぺんに酔いが吹き飛んだ。この村を貫いて流れる清流はイミン川の上流部分である。この川はイミン・ソムのいくつかの村を通ってハイラル市に入り、ハイラル川に注ぎ込む。ハイラル川に合流する頃には茶色に濁った川になるが、ジダン・ガチャではまだその流れは清冽だった。

朝食をいただき、お茶（スーテ・ツァイと呼ばれるミルクティー）を飲みながら、給仕をしてくれた孟氏の奥さんと奥さんのお母さんに、この村で使われる採集植物の話を聞く。その後のロシアでの調査のことを考えると、ここでもっと植物の話を聞いておくべきだったのだが、当時は私も若かったこともあり、言葉もできなかったので、あまり詳しくは聞けなかった。ただ、黒田先生がユリの球根にこだわっていたことは覚えている。かつて北海道のアイヌの間ではウバユリの球根が主要なデンプン質の食材としてよく採集された。似たような気候条件のこの地域でもユリの仲間の球根を使うに違いないと、かなり突っ込んで質問していたが、なかなか先生のモンゴル語が通じない。やっとのことで、どうやらユリに似た植物の球根を食べることはあるという話までは聞き出した。そこで、そのようなユリがどこに生えていえるのかを見たいと言い出して、奥さんのお母さんに頼んで、家の周りの草地や森を案内してもらった。いろいろと案内してもらって、その途中でヘラジカの幼獣を飼っている家族に出会ったりもしたのだが、結局ウバユリは幻に終わった。

この村の狩猟には馬が使われる。つまり、馬に乗って猟場に出かけ、動物を追うときも馬に乗り、時には騎乗のまま動物を撃つこともある。孟氏がその格好をお目にかけようというので、早速日本側スタッフが皆カメラを持って構えた。この地域の馬はヨーロッパの馬のようには大きくないが、中型の引き締まった体をしていた。鞍はモンゴル式で、前後の枠木が高く立ち上がっていて、いかにも鞍壷という感じである。孟氏は銃を背負い、腰に弾帯を締めた姿で、鞍にひらりとまたがると早速銃を構えてポーズをとってくれた。その頃はまだ銃の知識がなかったので、おそるおそる眺めていたが、今写真で見ると、恐らく中国製だろうが、ソ連の自動装填式のライフル銃と同じ型のも

写真16　馬に乗り銃を構えるポーズを取る孟慶国さん。1988年７月撮影

のだったと思われる。中国でも軍のライフルが猟銃として転用されていたようである。狙うのはアカシカ、ヘラジカ、ノロジカなどのシカ類とクマなどである。孟氏の家にもクマの前足の毛皮があり、ヘラジカの肉がストックされていた。ただ、当時は狩猟に関して多くの知識を持っていなかったために、狩猟の時期、動物の探し方、追いかけ方、接近の仕方、待ち伏せ方、仕留めた後の処理方法など基礎的な情報も採っていなかった。今から思えば惜しいことをしたものである。

その時は最初の調査ということで、この村では二泊三日の滞在に留め、翌年より詳しく調査することにした。そのため二晩目の夕食は再会を期しての宴となり、ふたたび強い白酒が振る舞われた。しかも杯をもつ右手に色とりどりの布をかけ、なみなみと注いだ白酒を左手の人差し指で少しずつ四方に飛ばしてから一気飲み干す。そして酒はそれだけではとどまらない。結局最初の晩同様全員酔いつぶれるまで飲んでしまった。

翌朝我々のために村に残っていてくれた運転手の北京ジープに乗ってこのジダン・ガチャを離れた。その時はまたここにゆっくり調査に来よう、その時までにはエヴェンキ語を覚えておかねば、狩猟のことももっと勉強しておかねばなどと思っていたのだが、後で触れるように、その機会は二度と訪れることはなかった。現在中国ではオロチョン、エヴェンキを始め、北方の少数民族で狩猟活動を禁じられているところが多いと聞く。世界的な自然保護、動物愛護運動に歩調を合わせているように見えるのだが、実態はわからない。あれから二十数年が過ぎ、ジダン・ガチャの猟師たちの狩猟活動がどうなったのか気になる。当時の猟師たちも高齢化し、また狩猟が禁じられてしまっていれば長らく森にも入っていないかもしれない。後にシベリアや極東ロシアで先住民族の猟師たちと行ったような、狩猟現場の実態を観察するような調査は、今の中国では望めないかもしれない。

4　ツングース・エヴェンキの調査

フルンブイル草原の夏

イミン・ソムでの調査はジダン・ガチャを離れてもまだしばらく続き、ビリュート・ガチャ、イミン・ガチャなど遊牧するエヴェンキのゲルでも調査を行った。ここでは主に言語学的な調査をして、時折話に混じる歴史的な情報に耳をそばだてた。フルンブイル盟は戦前満州国の領域の中にあったので、日本軍が進駐し、南満州鉄道の調査員たちも出入りしていた。一九八〇年代当時は直接日本軍の被害にあった人、そのために家族、親族を失った人もまだ少なからず存命だった。そのために、我々に対しては面と向かって何かいうものはいなかったが、複雑な視線を送る人がいたことは事実である。また、それ以上に生々しい記憶が残されていたのは文化大革命だった。ただ、当時はまだ記憶が新鮮すぎて、人々が他人に自分の経験を語れるほど、その時代を客観視できる状況にはなく、人々の口から当時の状況を詳しく聞くことはなかった。また、こちらもあえてそれには触れないようにしていた。

好天が続く中、青々とした美しいフルンブイルの草原に点在するゲルを訪ねてはそのような暗い話も含めて、聞き取り調査をしながら、ガチャを回っているうちに七月は過ぎ、八月一日にハイラルに戻ってきた。そして八月二日、三日とこの町の近郊で行われたエヴェンキ族自治旗成立三十周

写真17　ナーダムのハイライトである競馬。1988年 8 月撮影

年を兼ねたナーダム（モンゴルの夏の祭典）を見学にいった。そこでは政府要人たちの挨拶の後に、民族舞踊や民族歌謡のコンサートがあり、周辺の草原にしつらえられた競技場では、弓矢、相撲、競馬などの競技が行われていた。弓矢は五十メートルほど離れたところから、地面に置かれた小さいブロックのような的に、放物線を描くように矢を飛ばして当てる競技だった。鏃はなく、矢の先端には丸い玉がついている。これは弓矢を用いたタルバガン猟の腕を競うものであるといわれている。相撲はモンゴル相撲そのもので、勝者は一風変わったワシの踊りをしていた。競馬は子供たちによる長距離レースである。

会場のあちこちにテントが張られ多数の屋台が軒を並べていた。屋台ではよくあるおもちゃの他に、串焼きの肉やアイスクリーム、ヨーグルトなどを扱う店もあった。このナーダムを案内してくれたエヴェンキの女性がいうままにヨーグルトを食べてみた。ミルクの味が濃厚でおいしかった。が、三十分ほどするとおなかがぐるぐるといい出した。トイレに駆け込むという事態になるほど悪化はせず、一時間ほどで収まったので放っておいたが、勧めた女性が、やはりという顔をしている。このような屋台のものは危ないのである。だったら勧めなければいいのにと思ったが、大事には至らなかったので、文句はいわなかった。

エヴェンキ・ソムへ出発

八月四日に我々は調査を再開した。今度はイミン・ソムに行ったときのように、全員が大名行列のようにぞろぞろ同じところへ行くのではなく、言語学班、人類学班、口頭伝承班の三つの班に分けて、それぞれ別のところでそれぞれの目的に合わせた調査をすることにした。私は代表者の黒田先生、ジャーナリストの佐藤さんとともに、ハイラルの北方に広がるチンバルグ旗にあるエヴェンキ・ソムでの調査に出かけることになった。中国側はフグジルトさんとチョクさんが同行してくれることになった。二人とも日本語は達者なので、我々も会話に不自由することはない。しかも、チョクさんはエヴェンキ語から日本語に直接訳すことができるという特技を持っていた。

チンバルグ旗の中心地はバインクルンといい、位置的にはハイラルから見れば、ハイラル川を渡って北西すぐのところにあるが、道が大きく迂回していることと、路面が悪いためにスピードが出せず、四輪駆動車で二時間はかかった。バインクルンの町そのものはあまり特筆すべき特徴がなかったが、ここに属するエヴェンキ・ソムで調査するために、役場に挨拶に行くなどの手続きが必要で、その日はそこの招待所で一泊した。役場に挨拶に行くと、この旗の人民政府の要職にあり、エヴェンキ出身のボインデルゲル氏が応対してくれて、我々の調査目的を聞くと、彼も自分の運転手（ウーアさんといった）とともに北京ジープで同行してくれることになった。

翌八月五日の朝十時にエヴェンキ・ソムに向けて出発する。このソムはバインクルンから北東に直線距離で七十キロメートルほど離れており、大興案嶺の麓に当たる。地形は山がちになるが、木は生えていない。草原が大きな起伏をなしているという感じである。フルンブイルはモンゴル地域全体と比べても降水量が多く、草の生育が良いところだが、エヴェンキ・ソムの周辺はその中でも特に雨が多く、草の背丈も高い。その雨の多さが我々の活動の障害になった。ここでの調査が終わってから知ったことだが、八月四日以後にイミン・ソムやそのさらに南西にあるフイ・ソム（輝索木）で調査をしていた言語学調査班や口頭伝承調査班の人たちの話では、その辺りはほとんど雨が降らず、連日晴天だったという。しかし、我々は調査期間中ずっと雨にたたられた。

バインクルンからエヴェンキ・ソムへの道は、途中までは北部へ向かう幹線道路だったので舗装されており、順調に進んだ。しかし、ソムに向かう道が分かれるところからダートとなり、それも、轍が二本走るだけとなる。一日中走り続け、ソムの中心地に到着したのは夕刻になっていた。中心地に入るときの光景は実に印象的だった。その手前に小高い丘があり、そこにオボが設けられてい

写真18　エヴェンキ・ソムの中心地に向かう途中にあったオボ。1988年８月撮影

た。オボとは内外モンゴルからブリヤーチア、トゥヴァ、アルタイ、中国新疆を含む内陸アジアに共通して、見られる聖なる場所で、多くは小高い丘の上に石を積んで、その頂上に竿を立ててある。竿には色とりどりの布が結びつけられている。近くに木々があれば、そこにも色布がつけられる。オボは本来仏教のような世界宗教とは関係のない、その土地に根ざした聖なる場所のようなもので、道沿いで、集落の出入り口となるような小高い丘の上に設置されることが多い。モンゴルにチベット仏教が普及してからは、色布とともに経文がかけられたり、仏教式の礼拝が行われたりして仏教色が強くなっている。しかし、仏教が普及せず、シャマニズムや精霊信仰が盛んな地域や民族でも、類似の信仰が見られる。例えば、ヤクーチア北部でも集落の出入り口となる峠に立つ木がそのような信

仰の対象とされる。木の幹や枝には色布がかけられ、周囲には祈りのときに供えられたタバコや酒瓶が散らかっている。旅人は村人だろうが外国人だろうが、村を出てその場所を通り過ぎるときには、旅の安全を祈って、そこでタバコとウォッカを捧げ、ウォッカを皆で飲む。

オボは時折、集落とは関係のない、ちょっと目立つ山の上などに設けられることもある。ただし、チョクさんが指摘していたことだが、オボの上はなぜか周囲が晴れていても雲がかかっていたり、その周辺だけ雨が多かったりなどの特徴があるという。地形による気流の関係でそのような現象が見られるのかもしれないが、オボがあるとその場所に何となく神秘的で、近寄りがたい雰囲気が醸し出される。

エヴェンキ・ソムの入り口にもそのようなオボが設置されていた。そこも何となく畏れ多いような感じがしたが、それよりも我々を愕然とさせたのは、眼下に広がる光景だった。恐らく我々が到着する以前から連日雨が降り続いていたのだろう。ソムの中心地の周囲が湖のようになり、その向こうに家々が立ちならぶ場所が島のように浮かんでいるのである。背後に見える丘にはテレビ・アンテナのようなものが立っていたので、ここにも文明が届いているかのように見えるのだが、道は途中で水没していて、これからどうやってあの中心集落までたどり着くのか心配になった。

幸い水は浅く、車のまま湖のような巨大な水たまりの中を走り抜けて集落までたどり着くことができた。そして、なんとか村の中心部にある広場に面して建てられているレンガ造りではあるが、汚く、みすぼらしい、馬小屋のような建物の前までたどり着いた。建物の前の広場は牛糞と馬糞が

写真19　水没したように見えるエヴェンキ・ソムの中心地。1988年８月撮影

雨水でこねられてぐちゃぐちゃになっている。これは何の建物だろうと思い、看板を見て、衝撃の事実を知った。その馬小屋のような建物こそがエヴェンキ・ソムの人民政府招待所、すなわち我々の宿だったのである。

エヴェンキ・ソム

その日は、既に暗くなりかけており、しかもこの招待所には電気がなく、当然電灯もないために、もはや何もすることはなく、すぐさま寝て、夜明けを待つことにした。常に急な客に対応できる体制になっているのか、それともバインクルンから事前に連絡があったのか（招待所には電話はなさそうだったが、近くのソム人民政府の建物にはある）、招待所の管理人と部屋の掃除などをする女性がいて、我々に部屋とベッドを割り当ててくれた。一部屋にベッドが三、四台ほど置かれているが、私は黒田先生と同じ部屋を二人で使うことになった。その日は暗くてよく見えなかったのだが、どうもベッドはあまり清潔ではなさそうだった。しかも、床も泥だらけで（それは自分たちの靴が汚れていたせいもあるが）、居心地の良さそうな場所ではない。それでもその日は一日北京ジープに揺られて来たので、全員疲れていて泥のように眠ってしまった。

そして、翌朝起きると、目の前にはやはり！という光景が広がっていた。この建物はソム人民政府の建物の北側、すなわち裏手に当たる場所にあるのだが、その建物の間の広場は牛糞、馬糞が散乱し、そこに水がたまって恐ろしいぬかるみになっており、しかも、ポイ捨てされたガラス瓶の破片があちこちに牙を剥いていたのである。そして招待所の反対側（北側）はちょうど日陰になるのか、馬が何頭も集まって涼んでいる。どうやら、この招待所の周囲は、放し飼いにされている家畜には涼んだり、ひなたぼっこをしたりするにはちょうど良い場所らしく、よく集まってくるのである。前日暗い中で見えた馬小屋のような建物。その印象はまさに正解だった。

到着した翌日の朝はよく晴れていた。招待所で饅頭とお茶の朝食を済ませた後、早速目の前にあるソムの人民政府を表敬訪問した。そこで得た基本情報によると、エヴェンキ・ソムは、チンバルグ旗の西部にあり、この旗の面積の四十五パーセントを占めるほどの大きさがあるという。九つのガチャからなり、人口は二千人強で、そのうちエヴェンキは一六〇〇人ということだった（いずれも一九八〇年代中頃の数字）。ただし、ガチャといっても、ジダン・ガチャのように家が密集しているわけではなく、木造家屋やゲルが数キロメートル隔てて散在している。それらをある程度まとめて「〇〇・ガチャ」と呼んでいたようである。したがって、調査のときにこれが何々ガチャですと説明されても、そこにはゲルが一つだけしか見えないということが多かった。

ソムの中心地はかつてアダック・ガチャと呼ばれるガチャの一つだったが、北京の政府の遊牧民定住化政策によって人が集められ、町が建設された。そこには人民政府と招待所の建物の他に、学校、商店などがあり、さらに周囲には木造の民家が立ち並ぶ。ただ、その家屋にいくつかにロシア風の窓枠飾りや破風がつけられているものがあり、それが我々の目を引いた。

このチンバルグ旗のエヴェンキは、「ツングース・エヴェンキ」（通古斯鄂温克族）と呼ばれ、ハイラルの南側に暮らすソロン・エヴェンキとは遊牧民という点で共通するが、言語と来歴を異にする。彼らがこの地に暮らすようになったのは、一九一七年から三〇年代にかけての時代であり、当時のロシア革命とその後の内戦の混乱を逃れてやってきたのである。そのために彼らの文化にはロシアの影響が色濃く見られる。例えば、先述のように、ロシア風の窓枠飾りや破風を持ったログハウス風の家屋が少なからず見られ、また、ゲルで生活する人々の間でもロシア風のベッドやタンスが使われている。その中でも最も驚かされたのは、前のソムダ（村長、彼は我々の調査時にはチンバルグ旗の民族宗教局長に出世してバインクルンに住んでいた）の官舎の部屋の一角にロシア風のイコンが飾られていたことだった。

さらに、この地域には中ソ蜜月時代の一九五〇年代に技術協力のためにロシア人技師が多数来ていたこともあって、五十歳代以上の世代にロシア語を理解する人が少なからずいた。このことはエ

写真20　ロシア風の窓飾りが見られる家屋。1993年８月撮影

ヴェンキ語やモンゴル語はおろか、漢語すらわからなかった私には好都合だった。また、ロシア語だと役人に聞き取られる恐れがないために、意外と本音を聞くことができる。

壮絶なフィールドワーク

本格的な調査に入ったのはエヴェンキ・ソムに入った翌々日の八月七日からだった。それから二週間にわたって、調査をともにした黒田先生のことばを借りれば、「壮絶な

写真21　前村長の家にあったロシア風のイコン。1988年８月黒田信一郎撮影

フィールドワーク」が繰り広げられた。この地での調査は自然との戦いとともに、アルコールとの戦いでもあった。

まず、このエヴェンキ・ソムがあるハイラル川よりも北の地方で雨がこれほど多いことを知らなかったとは、我々もうかつだった。おおむね乾燥した地域なので、雨が降っても知れているだろうと、高をくくっていたのである。しかし、我々が訪れた八月はどうやらこの地方では雨が多い季節だった。しかも帰国後にわかったことだが、その年の夏は中国東北地方で五十年ぶりの豪雨と洪水が起きていたとのことだった。それと関係があったのか、連日曇天が続き、時折熱帯のスコールのような大粒の激しい雨が草原をたたく。ここの地層は水はけが悪く、盆地状になった草地にはたちまち水たまりができ、それが拡大して沼や湖のようになる。そして川も突然急流となり、あふれ返り、岸から岸へ丸太や角材を何本か渡しただけの橋など簡単に流されてしまう。佐藤さんとフグジルトさんはエヴェンキ・ソム到着の二日後の朝、ハイラルからきた運転手とともに帰った。そのあと一時土砂降りになったことから、もし出発が一時間遅れていたら、沼池と化した草原の中で立ち往生したことだろう。

しかし、このソム出身で、バインクルンから同行していたボインデルゲル氏付きの運転手は、悪路の運転を心得ていた。彼は水かさがまして橋が落ちたような場所でも果敢に渡ってしまう。その時の様子を見ていると、まず水深が浅いところを探し、車がどこまで水没するかを確認する。それから、エンジンルームあたりまで水が来そうだと判断すると、空気を取り込むためのファンベルトを外し、フロントグリルをぼろ布で塞ぐ。それでエンジンルームに水を巻き込まないようにするのである。その上で、エンジンをかけて一気に川に突っ込んで渡ってしまう。エンジンの水に触れる部分を最小限にし、特に上部の電気系統に水がかからないように注意しているのである。そして渡り終えると、エンジンを止めて、フロントグリルのぼろ布を取り去り、ファンベルトを巻き直す。そして何事もなかったかのように運転を再開する。

黒田先生は反軍国主義者ではあるが、結構勇ましい言葉が好きで、この調査を「草原の突撃戦」とも形容していた。その突撃戦を支えていたのは実はこの運転手だったのである。

アルコールとの戦い

我々のこの調査での第二の戦いの相手であるアルコールは実に手強い敵で、恐らく我々は完敗していた。

エヴェンキなどシベリア、極東ロシア、そして中国東北地方など北方世界の人々は遠来の客をもてなすのが好きである。そのもてなしとは、彼らのごちそうを腹一杯食べさせ、お互いに様々な珍しい話をすることだった。しかし、アルコールが入ってからは、酒を相手がつぶれるまで飲ませるのが歓待の中心となってしまった。というのは、もともと酒は高価な飲み物であり、それは最高のごちそうと見なされていたからである。そして高価だったから、かつてはそれほど大量に飲むことはできなかった。その習慣は酒が手軽に手に入るようになった現代でも続いた。その結果、客も主

写真22　エヴェンキ式の歓待風景。1993年８月に南屯にあるチョクさんの生家にて撮影

人もお互い飲みつぶれるまで飲み合うのが最高の接待となってしまった。

黒田先生とチョクさんと私の三人は、ボインデルゲル氏とともに彼の運転手が運転する北京ジープでエヴェンキ・ソムのガチャをいくつか回った。ガチャといっても、先述のように、草原の中にゲルが点々とあるだけなので、個別にゲルを回って、ツングース・エヴェンキの牧畜、狩猟、そして歴史に関する聞き取りを行ったわけである。しかし、我々を待っていたのは歓待攻勢であった。黒田先生も私も極力、これは調査なので、酔っぱらうわけにはいかないということで、しらふの状態で聞き取りをしようとした。しかし、まずはゲルの人たちの信用を勝ち取らなくてはならない。そのためにはどうしても彼らが用意する歓待を受けなければならないのである。

彼らの歓待の仕方はなかなか「厳しい」。まず、客は主人が用意する酒を受けなくてはならない。お盆の上に小さいグラス（ほんの一口程度のものからぐい飲み程度のものまで大きさには各種ある）を三つおき、そこになみなみと白酒を注ぐ。これまでなんどか「白酒」と書いたが、これは中国語では「パイジゥ」と読み、モンゴル語やエヴェンキ語で「アルヒ」と呼ぶもので、日本の白酒《しろざけ》とは似ても似つかないものである。基本的にコーリャンやトウモロコシなどから作られた穀物酒で、蒸留してあり、アルコール度数は四十度から七十度近いものまである。それに中国酒独特の香りがつく。エヴェンキ・ソムで振る舞われた白酒の多くは品質のよい方だったようだが、おそらくアルコールが五十から六十パーセントはある非常に強いものだった。ロシアのウォッカでもこれほど強いのはまれである。ロシアで強い酒はスピルトといって九十パーセントを超えるものがあるが、それは特殊な飲み方をするし、体に悪いので、めったに飲まない。

その強い白酒が注がれたグラスを三つ、立て続けに一気飲みして御礼のお辞儀をする。客が複数いれば順に同じことを行い、最後に主人が同じことをする。それが終わってようやく、初対面のあいさつが終わるのである。そして、アルコールによる歓待はそれだけでは終わらない。しばらくテーブルに出てきた肉や乳製品のつまみや料理を食べて歓談した後、今度は客側が乾杯を提案して、また同じことをしなければならない。それからようやく普通の会話が始まる。つまり、調査らしきことをさせてもらえるのである。しかし、このような儀式はゲルの中にいる間に最低限三〜四回は続くので、結局グラスは小さいとはいえ、九〜十二杯はグラスの白酒を一気飲みしなければならない。普段強い蒸留酒を飲み慣れていない日本人にはかなりつらい仕事である。しかも私は飲めないことはないという程度で、それほど酒に強い体質ではない。初めの二回程度の儀式ではまだほろ酔い程度で、録音機を回しながら、話を聞くことができたが、それ以上となると相当つらかった。しかも、酒が回って録音機のスイッチをオフにしているときに限って、何か調査のポイントになる大事な話が出てきたりする。しかし、酒宴たけなわの時に録音機を回したり、メモを書いたりするのも無粋である。なので、極力記憶に留めようとした。しかし、脳細胞は強烈なアルコールの影響で半分も働かなくなっているのに、何とか働いている部分だけを酷使して記憶しようとするから、余計に悪酔いになる。

それでも当時私も若かったので、何とか一軒目はがんばって足下が少々おぼつかなくなっていても、まだ体も理性も保っていた。しかし、一日にそれが三軒続くともはや宿に帰る頃には記憶どころか、意識すら危ないような状態になっていた。これではなかなか調査にならないなと思いつつも、やはり民族調査は相手との信頼関係を築くことが最優先であることを考えて、転んでもただでは起きないぞ！　という気概を持って、翌日からの調査に臨むことにした。

四十度の高熱を発してダウン

しかし、それは甘かった。それから一週間、そのような歓待が続いたのである。さすがに我々もその間ずっと飲み続けていたわけではない。ボインデルゲル氏の案内にしたがって、エヴェンキ・

ソムの中の聖地や名所をめぐり、その由来を近くのゲルで尋ねたり、最初の歓待を適当に切り上げて、調査の本題である牧畜と狩猟との兼ね合いについて、あるいはエヴェンキの社会組織について、ゲルの主人に尋ねたりと、まじめな調査も行っていた。ちなみに、ボインデルゲル氏とその運転手のウーアさんは酒を一滴も飲まない。彼らは体質的な問題だといっていた。したがって、飲まなくてもすむ場合があるのである。しかし、いったん飲めることが相手にわかってしまうと、もはや止めどがなくなる。

しかも、行く先々で歓待してくれる住民はその多くが、普段は飲んでいない人たちなのである。確かに、日頃から酒浸りになり、昼間からベッドで酔っ払って寝て、起きては酒をあおるというアルコール中毒の人もいないわけではない。しかし、私たちと応対してくれたゲルの主人たちは皆、我々が珍しい客だからこそ、白酒を出してごちそうしてくれるのである。多分に我々が彼らの酒飲みの口実になっていたことも事実だが、それでも、みなとても気さくで穏やかな紳士である。だから、その厚意を受けないわけにはいかない。しかし、一度酔いが回り始めると止めようがなくなる。つまり、お互いが酔いつぶれるまで酒の飲み合いが続いてしまう。回ったゲルすべてでしきたり通りの歓待をされたわけではなかったが、結局最初の一週間はどこかでつぶれる寸前まで飲まされて宿に帰るということを繰り返す結果となった。そのために、私と黒田先生だけでなく、チョクさんまで体調がおかしくなってきた。

調査を始めて一週間たった八月十三日頃だったと思うが、朝から強い雨が降っていて、この日は調査を休むことにした。その朝二日酔いのような状態で朝食を取り、今日は休みだからとベッドでごろごろしていると、妙に頭が痛く、体がだるい。しかもそれがいつまでたっても抜けない。ただの酒酔いならば、どんなに悪酔いしても昼までには抜けていた。しかしその日はいつまでたっても頭痛と体のだるさが消えないのである。おかしいと思い、黒田先生が持ってこられていた体温計で計ってみると四十度を超える高熱を出している。頭痛とだるさ以外に自覚症状はなかったのだが、これにはさすがに自分でも驚いた。しかし、病院も医者もいない中では、とにかくゆっくり休んで、体力を回復させるしかない。確かに疲れてもいたので、これ幸いにとしばらく寝ていることにした。

ただし、周囲の心配はただ事ではなく、チョクさんもボインデルゲルさんも心配そうに見舞いにきてくれる。この時黒田先生のリュックが大いに役に立った。黒田先生は一種の薬マニアだった。健康と衛生状態には神経質なくらいに気をつけており、常にあらゆる事態に備えて大量の各種の薬を持参していたのである。彼が持っていたリュックの半分以上は薬が占めていた。そこからドラえもんの四次元ポケットのように次から次へと薬が出てくるのである。その中には町の薬屋で売っている消毒薬、胃腸薬、風邪薬のほか、医者に処方してもらった抗生物質や解熱剤、睡眠導入薬などもあり、相当薬に関する知識を仕入れていた。その中から彼はまず熱を下げるために解熱用の座薬を取り出してくれた。それが功を奏して、夕方には熱が三十七度台までさがった。しかし、それからなかなか下がらず、結局三日間私は動けずに、そのあまり衛生的とはいえない招待所のベッドに横たわっていた。大量にお茶を飲み、食事時に先生が差し出してくれる風邪薬を飲みながら、回復を待つしかなかった。さすがに二日間は食事をベッドまで運んできてもらったが、三日目には自分で食堂へ食べにいけるぐらいになり、四日目には外に出られるまで回復した。

しかし、私がダウンしたのと相前後して今度は黒田先生がダウンしてしまった。彼は熱ではなく下痢に襲われたのである。ちょうど私が熱を出して寝込んだ日の晩から、猛烈な下痢が彼を苦しめていた。しかも、その頃から天候が悪化し、夕方から夜にかけて土砂降りとなる日が続いた。招待所のトイレは別棟で、玄関から歩いて二分ぐらいのところにある。しかし、土砂降りの上に、下痢に苦しめられている身には、この距離は何キロにも感じられる。しかも、牛糞や馬糞でぐちゃぐちゃになり、ところどころにポイ捨てされたガラス瓶の破片が牙を剥いている例の広場を横切らなくてはならない。このような状況でトイレまで行けというのは酷な話である。辺りは真っ暗で、聞こえるのは地面を叩く雨の音だけ。自分の姿を見ているものは誰もいない。元々家畜の糞で足の踏み場もないようなところだし、どうせ激しい雨に洗い流される。となるともはやトイレなど行く必要はないわけで、私は迷わず玄関先で用を足した。恐らく先生もそうだったと想像される。そのために、お互いに情けない思いを共有してしまった。方や熱、方や下痢を抱えて、激しく降る雨の中、ゴム長を履き、雨合羽を頭からかぶって、闇夜に宿の玄関先で用を足す姿はどう見てもほめられたものではない。

すてきなお茶会

私がダウンしてから五日目に久しぶりに朝から晴れ渡った。そのよい天気に誘われるように、先生も私も体調が戻り、久しぶりにチョクさんとともにソムの中を散歩することにした。どうやら外国人二人が村の招待所で体調を壊してダウンしていたことは村人の噂になっていたらしく、我々が村の中を歩くと、時々村人がもう大丈夫なのかと声をかけてくれた。その中に感じの良い年配のご婦人がいた。どうやらチョクさんと親しくなっていたらしい。彼が彼女を招待所まで連れてきて、私たちに紹介してくれた。その人は招待所の様子を見て、これでは不健康だねといいながら、同情してくれた。そして後で自分の家にお茶を飲みにこないかと誘ってくれた。私たちも体調が良くなったところなので、お茶ならば是非にということで、この招待を受けて、昼過ぎにそのご婦人の家に三人でお邪魔することにした。

その家は村のメインストリートから少し外れてはいるが、ほぼ村の中心近くにあった。ログハウス風の建物で、窓枠にはロシア風の彫刻が施されている。中に入ると、ロシアの家のように前室があり、その奥にとても掃除が行き届いて清潔な感じの居間が続いていた。我々はその居間に通され、机の前のソファーに腰をおろした。するともう一人、感じの良い中年の女性が現れた。どうやらこの家の女主人の親戚らしい。女性は二人ともエヴェンキなのだが、より若い方の女性は流暢なロシア語を話した。彼女はロシア語を話す環境の中で育ったようである。

それから女性たちが入れてくれたお茶を囲んで、モンゴル語、エヴェンキ語、ロシア語、日本語が飛び交う奇妙な会話を楽しむことになった。話題はこのエヴェンキ・ソムでの暮らし向き、ロシアから移住してきた頃の話、満州国時代に来ていた日本人の話、ロシアとの蜜月時代に来ていたロシア人のこと、文化大革命の時のことなど、多岐にわたった。ツングース・エヴェンキの二人の女性は近現代史の伝承者であり、また生き証人でもあった。彼女たちの口から上牧瀬三郎や布村政雄といった名前が出てきたのには驚いた。彼らは戦前、南満州鉄道の委託でエヴェンキやオロチョンの動向を調査していた研究者たちである。上牧瀬三郎は『ソロン族の社会、ソロン語の研究』（生活社、一九四〇年）というソロン・エヴェンキに関する民族誌の著者である。布村政雄（筆名は奥田靖雄）は満州国時代にエヴェンキの地域の国民学校の先生をしながら、その文化を研究していた人である。彼は南満州鉄道大連図書館が刊行していた『書香』という雑誌にしばしば、ナーナイ（ゴリド）やエヴェンキ（ソロン）、オロチョンなどに関する調査報告やロシア語文献からの翻訳などを掲載していた。なお、南満州鉄道の調査員で、やはりエヴェンキ、オロチョンなどの満州国北部の民族調査をしていた布村一男（筆名は布村一夫）は彼の兄である。老婦人は布村政雄を直接知っていたようで、「布村先生」と呼んでいた。彼はソ連軍が迫る中、村の人々の助力で、無事に逃れていったという。

しかし、エヴェンキのところでは相手が女性でも油断できない。話が弾んできた頃、その家の主人である年配のご婦人が急にニコニコしながら、机の下からビール瓶を出してきたのである。そろそろビールにしませんかということである。おいしいミルクティーをいただき、チーズや菓子などのお茶請けで結構おなかが膨らんできてはいたが、まあビールならば大丈夫でしょうということで、いただくことになった。ビール程度のアルコールならば体にそれほどの負担はかからない。五人ともほろ酔い気分で話はどんどん弾む。ビール瓶が四、五本空いて、だいぶ気分がほぐれてきた頃、今度はご婦人が、机の下からやおら透明な液体が入った瓶を取り出すではないか。一瞬私の脳裏に悪夢がよみがえる。ところが、ロシア語を話す女性が、まあまあこれくらいなら大丈夫ではありませんかという顔をしている。チョクさんも黒田先生も一瞬顔がこわばったが、すぐにまあこれ一本程度ならば大丈夫かということで、たちまち白酒用の小さなグラスが用意され、悪魔の液体が注がれてしまった。そうなるともはや先週のゲルを回ったときの光景の再現である。

結局五人で飲めや歌えやのどんちゃん騒ぎとなり、白酒の瓶が何本空いたのか、私には記憶がない。北国の夏は日が長い。八時ぐらいだったか、ようやく日が地平線に届こうかという頃に、この楽しかったが、結局酒飲み大会になってしまった「お茶会」は解散となった。私はトイレに行きながら適当に白酒を吐くことでなんとか理性的な振る舞いを維持できた。チョクさんも相当酔っていたが、やはり中国の人だけあって、白酒の飲み方を心得ていて、なんとか歩けた。問題は黒田先生だった。しこたま白酒を飲んで、酔いが足に来て、完全に足腰が立たなくなっていたのである。全員酔って気分が高揚していたこともあったのだが、四人でゲラゲラ笑いながら、黒田先生を起こし、私とチョクさんで両脇を抱えて、なんとか歩かせて、宿に戻ることにした。しかし、私もチョクさんも一人で立っていることがやっとなくらいに酔っている。その上に自分の足で立とうという意志を全く持たない黒田先生を抱えているのである。とてもまっすぐには歩けない。ところどころで三人で尻餅をつきながら帰った。一度などは新鮮な牛糞に足を取られ、黒田先生をその上に落としてしまって、チョクさんと二人で冷や汗をかきながら持ち上げたこともあった。

エヴェンキ・ソムには二週間滞在した。雨にたたられ、アルコール攻勢の前に完敗し、体を壊すなど、いろいろマイナスの要素も多かった調査だったが、我々の調査に協力してくれたエヴェンキの人たちは、町の人もゲルの人も皆暖かかった。その暖かさに触れながら、エヴェンキという民族、エヴェンキの文化、エヴェンキの社会についての貴重な情報を手に入れることができた。

中国のエヴェンキの調査を振り返って

八月二十日に我々はボインデルゲル氏の北京ジープに乗ってエヴェンキ・ソムを後にした。北の草原は、そろそろ秋風が吹き、草が黄色に変わろうかという季節を迎えていた。一度ハイラルに戻り、そこのホテルで一日休養した後、言語学班、口頭伝承班といった他の班の人たちが待つエヴェンキ族自治旗の中心地南屯に向かった。

その後黒田先生は再び一週間ほど、チョクさん、フグジルトさんとボインデルゲルさんを連れてエヴェンキ・ソムへ出かけて、狩猟調査と狩猟用具の収集をしてきた。今度は白酒攻勢を避けながらの調査で、毛皮獣用の罠三種類を収集し、その他狩猟に関する情報を得てきた。

その間私は南屯で言語学班の手伝いをしていた。特にチンバルグ旗出身のツングース・エヴェンキの老人から聞き取りをする時には、私がロシア語で通訳をした。ツングース・エヴェンキがガンチムールという歴史上の人物と結びついていることを知ったのはこの老人と話をしているときだった。彼はふとしたことで、祖先のガンチムールがロシア正教に改宗したことで、我々にキリスト教が普及したということをつぶやいたのである。

人類学の調査は何気ない会話に恐ろしく重要な情報が入っていることが多いので、それをいかにその場で記憶し、記録するかということが大切である。たとえ宴会の最中で、頭がアルコールのために麻痺していても、あるいは全く別の目的できていて、調査するつもりではなくても、人類学的に重要だと思う事項を日常の会話や仕草から見いだし、それを記憶、記録するように常日頃勤めていることは大切である。また、目や耳にした情報がどのような意味を持つのかということを瞬時に判断するために、常に視野を広くとって、いくつもの予備知識を蓄えておいて、即座に参照できるようしなければならない。

この中国での調査では、狩猟に関する予備知識が不足していたために、それに関する重要な情報をみすみす逃していていたり、尋ねることすらできなかったりした。その点、今思えば実にもったいないことをしたと思う。今ならば、もっと突っ込んだ質問をし、猟師の行動をもっと的確に理解することができるだろう。若いときに体力に任せて観察し、聞き取りをしたフィールドに、年を重ねて別のフィールドで経験を積んでからもう一度出向くと、若い頃に見逃していたことがよく見えるようになり、理解できなかったことができるようになっているかもしれない。

南屯に滞在した十日間は私にとってよい休養となった。それにしても草原に沈む太陽は大きくて、赤い。よく満州国時代の思い出に「満州の夕日」の話が出てくるがそれを彷彿とさせる夕日だった。そして日が暮れると満天の星空が広がる。どれも若かった私にとっては強烈な印象を残した。しかし、この中国での調査で一番心に残ったのは、四十度の熱を出し、そこから回復した直後に招かれたあの女性たちとの「お茶会」である。

科研プロジェクトのその後

この科研による中国内モンゴル自治区でのエヴェンキ民族の狩猟文化と遊牧文化の調査は三年計画で、一九九〇年度まで続けるつもりでいた。そのために、一九八九年の一月にチンゲルテイ先生、エンフバトゥさん、ハスバートルさんを招聘して、北大で研究会を開いて、その夏の調査計画を立てた。私はこの研究会の期間中に札幌のホテルで昭和天皇崩御のニュースを聞いた。時代は昭和から平成へと移り変わろうとしていた。平成の世になっても内モンゴル大学の協力によるエヴェンキの調査は継続されるはずだった。私もそれに備えてエヴェンキ語の学習や狩猟に関する知識を増やそうとしていた。しかし、不運なことにこの年の六月四日に天安門事件が起きた。天安門広場を占拠していた丸腰の学生たちに、人民解放軍が銃や大砲を向けた映像に我々は衝撃を受けた。事件後も地方では混乱が続いていて、とてもその年はフルンブイルで調査ができるような状況にはなかった。しかも、プロジェクト代表者の黒田先生と内モンゴル大学の先生たちとの関係が微妙になっていた。それは前年の調査の時に表面化した、予算の使い方を巡る意見の食い違いに端を発していた。そのような状況の中で、黒田先生は内モンゴル大学との共同研究を中止することを決断してしまった。しかし、科研のプロジェクトは中止しなかった。新たな調査先を求めて、彼はソ連側に接触を試みたのである。一九八九年になると、ゴルバチョフのペレストロイカ政策がある程度浸透し、最もガードが固いと思われていた極東地域でも、徐々に外国人に対して開放的になってきていた。黒田先生はそれをチャンスと捉え、ソ連側の研究機関の協力の下に、アムール川流域のナーナイ、ウリチ、ニヴフの調査を手がけようとしたのである。それは先生自身の長年の夢でもあった。その年の秋には早速ハバロフスクに出向き、そこの郷土博物館（グロジェコフ記念ハバロフスク地方立郷土博物館）の館長と副館長に会い、研究協力の合意を取り付けてきた。そして、一九八九年十二月〜九〇年二月と、一九九〇年七月〜八月にアムール調査が実施され、私もその中心メンバーの一人として加わった。しかしそのために、中国内モンゴルでの調査は結局一九八八年の一回限りのものとなってしまい、ジダン・ガチャのアイホアさんや孟慶国さんとは再び会うことはできなくなってしまった。

しかし、エヴェンキ・ソムのあの気品ある老婦人たちとは五年後の一九九三年の夏に一度再会することができた。その時は、津曲さん、チョクさんと二週間にわたって、ハイラル、南屯、エヴェンキ・ソム、ハルビンと回った。ハイラルではチョクさんの学生時代の友人たち（彼らは地方政府の要人となっていたり、有名なジャーナリストになっていたりしていた）と痛飲し、南屯ではチョクさん

写真23　1988年の調査でお茶に誘ってくれた老婦人とチョクさん。1993年８月にエヴェンキ・ソムで行われたナーダムにて撮影

の家族と再開して、またしこたま白酒を飲んだ。このときの旅も結局二週間のうち十日以上は飲みつぶれているという大酒飲みツアーとなってしまった。しかし、フルンブイルのエヴェンキの人たちはいつも暖かく我々を迎え入れてくれた。

ツングース・エヴェンキたちがいるエヴェンキ・ソムにも足を伸ばした。宿泊はせず、ハイラルから車をチャーターして日帰りでナーダムを見に行った。そこには私が高熱を出して寝込んだ招待所がまだ残っていた。また、私たちをお茶に誘った気品あるご婦人もいて、ナーダムで会うことができた。彼女はすこぶる元気だった。ロシア語を話す女性もいて、私の顔を見るとすぐに当時のことを思い出してくれた。まだ五年しか経っていなかったので、記憶も新しかったのだろう。女性たちは黒田先生のこともよく覚えていて、消息を聞いてきた。しかし残念ながら、その時先生はすでに鬼籍に入られていた。

今年（二〇一五年現在）で最初のエヴェンキ調査から二十七年がすぎた。エヴェンキ・ソムで私や黒田先生と泥田の中を転げ回ったチョクさんも今や中国社会科学院の科研副局長となり、さらにエヴェンキの代表として、全国人民代表大会（全人代）の議員にまで出世してしまった。津曲さん、谷野さん、風間さんもそれぞれ大学の教授となり、津曲さんと風間さんはツングース言語学の泰斗として、谷野さんも中国文学と民俗学の大家として知られるようになった。イミン・ソムでもエヴェンキ・ソムでも世代はどんどん変わってしまって、二十六年前に顔を見せた日本人のことなどを覚えている人もほとんどいなくなってしまっているだろう。また彼らを取り巻く中国国内の情勢も、国際情勢も大きく様変わりした。でも、私たちを笑顔で迎えてくれたゲルの主人たちや、お茶に誘い、しまいには白酒を飲み合うことになってしまった女性たちの温かい心は、その子孫たちにも受け継がれていることを期待したい。

第四章　北方ヤクーチアの狩猟民の世界

1　ヤクーチアへの旅の始まり

ソ連崩壊とシベリア調査

一九九一年暮れにソ連が崩壊し、翌九二年にソ連を構成していた十五の共和国がすべて独立国家となった時、ロシア連邦を始め、すべての旧ソ連地域の国が社会主義国家であることをやめた。そして、その年から西側諸国（欧米と日本）の人類学者が堰を切ったようにシベリア、極東地域になだれ込み、調査活動を始めた。私もそのような人類学者の一人だった。恐らくアメリカにもヨーロッパにも私のような人類学者が少なからずいたのだろう。ロシア側の研究者も海外の人類学者の調査を拒まなかった。というよりは積極的に誘致しようとさえした。ソ連が崩壊すると同時に国家経済も破綻し、そのために大学もアカデミーの研究所も研究資金がなくなってしまった。国や基金の助成金を持ってやってくる旧西側諸国の研究者との共同研究、共同調査で資金を調達する以外に、彼らには調査に出かける方法がなかったからである。

B・エリツィンが大統領だった一九九〇年代は、今から見れば、よくいえば開放的、悪くいえば

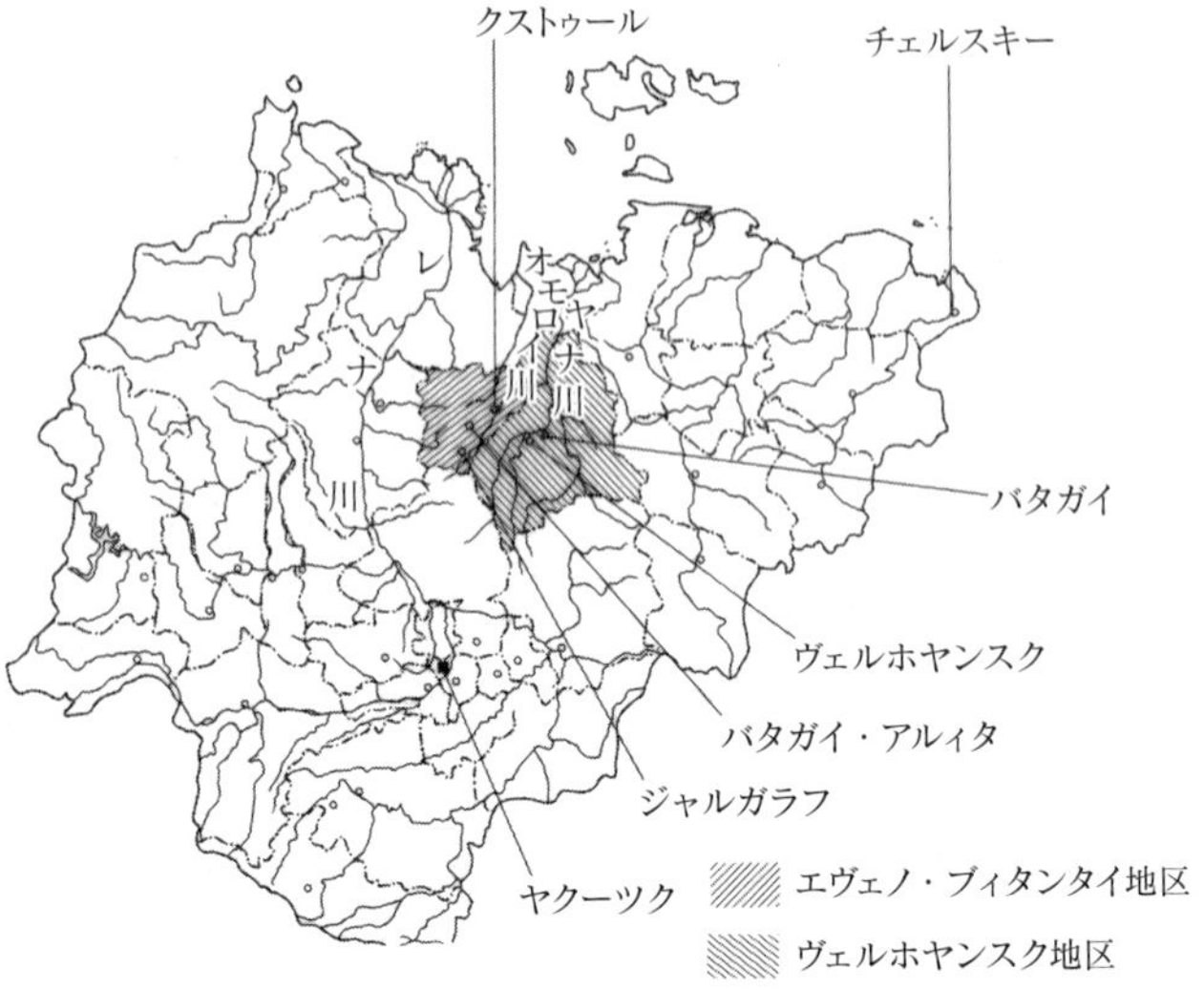

地図4　ロシア連邦サハ共和国行政地図と調査地

無秩序な時代だった。この時代状況は海外から来る研究者にとっては両刃の剣だった。ソ連時代のような秘密警察による監視はなくなり、ほぼ自由な調査が可能になった反面、モスクワで制定された法律や政府の通達が地方に徹底せず、地方ごとに外国人に対する対応がばらつくという事態になった。そして、中央政府が頼りないために、役人たちは賄賂で給与の不足分を補おうとし、また、マフィアなどが牛耳るブラックマーケットが栄えるなど、自由と混乱が同居する状態になった。

　このような状況では、調査に際して、研究上のパートナーとも、インフォーマントとも、細心の注意を持って慎重に信頼関係を築いていかないといけない。またパートナーやインフォーマントを慎重に選ばないといけない。彼らに裏切られるようなことになれば、たちまち混乱の渦に巻き込まれてしまうからである。強固な信頼関係ができても、いついかなる事故に遭遇するかわからないので、行動にも細心の注意を払う。

ヤクーチア調査への誘い

そのような時代に、私はヤクーチア（ロシア連邦サハ共和国）北部をフィールドとする大規模な人類学的、言語学的調査に参加した。それは齋藤晨二先生が企画し、研究代表者として科学研究費補助金をとって実施した調査プロジェクトだった。前章で紹介したように、齋藤先生は地理学関係の学会を通じてシベリアに何度も足を運んでおり、ヤクーツクにあるロシア科学アカデミー永久凍土研究所や人文学研究所の所長、研究員たちと長年にわたって信頼関係を築いていた。そのために、シベリアでの調査プロジェクトを立ち上げたときに、ロシア側からの協力を得やすかったのである。

このプロジェクトにはベテランから若手まで様々な世代の研究者が参加した。ベテランの多くは、ソ連時代からシベリアや環極北地域の研究をしていたが、その崩壊までそこでフィールドワークができなかったという経験を持つ人たちで、その中には先述の井上紘一さんや齋藤君子さんもいた。井上さんは私とともに、ヤクーチアの先住少数民族の文化、社会動向の調査、齋藤君子さんは彼らの口頭伝承に関する調査を分担することになっていた。私と同じ世代の研究者も少なからず参加していた。例えば吉田睦さん（現千葉大学文学部教授）は、長らく外務省にいて日ソ漁業交渉に携わっていたという異色の研究者だった。彼はソ連時代のロシアをよく知っていることから、若手というかベテランというか微妙な位置にいた。三十代に入ってから民族学を始めて、このプロジェクト実施当時は、モスクワのロシア科学アカデミー民族学人類学研究所で大学院生をしていて、私がかつて手掛けたネネツのトナカイ飼育と食文化についての研究をしていた。彼はその後しばしばシベリア側のネネツの調査におもむき、それで博士論文を書き上げた。もう一人、池田透さんは動物生態学を専攻し、外来種の侵入や導入に関する研究をしていて、プロジェクト実施当時は北海道大学文学部の助手をしていた（現在は北海道大学大学院文学研究科教授）。このプロジェクトではヤクーチアにおける野生動物の生態や移動なども調査対象となっていたことから、彼にはその辺りのデータを集めてもらうことになっていた。

このプロジェクトは若手の育成も目的の一つとしていたので、シベリア研究を志す大学院生をリクルートしていていた。プロジェクトが始まった一九九三年時点では私はまだ三十代後半といった年齢だったので、若手の部類に入るはずだったのだが、さらに一世代下の院生レベルで、半年以上現地に滞在する時間を持つことができる人を探した。私も井上さんも、自分の年齢や立場を考えずに、もう少し若かったら、あるいはこのような状況がもう数年早く訪れていたら、自分が長期で入るメンバーになったのにと残念がったものである。それはともかく、ちょうどその時東京都立大学大学院で社会人類学を専門とする院生の中に、ロシアのことをやりたいという人がいるという情報があり、彼にメンバーに加わってもらうことになった。それが高倉浩樹さん（現東北大学東北アジア研究センター教授）だった。ちょうど日本の人類学者、民族学者によるサハリン研究をテーマに修士論文を書いたばかりで、これから博士論文のテーマを探そうというところだった。彼には一緒にヤクーチア北部のトナカイ飼育の現場に入ってもらって、後に残り、特定の場所で長期滞在調査をしてもらうことになっていた。

2　最初のヤクーチア調査——一九九四年夏

ヤクーチア北部コリマ川、アラゼヤ川流域へ

調査は一九九三年から始まった。ただ、この年に私は北京外国語大学日本学研究センターの招聘講師（国際交流基金による）としてほぼ一年北京に滞在していたために、それに参加できなかった。私が参加したのは、本格的な調査が始まった一九九四年と九五年である。また、齋藤晨二先生が再び科研をとって始めた二回目のプロジェクトでは九七年、九八年と行き、計四回ヤクーチアでの調査を行った。

九四年の調査（八月一日〜九月二日）には、ヘリコプターも使ってヤクーチア北部を広く回った。この時参加したのは、研究代表者の齋藤晨二先生を筆頭に、井上さん、齋藤君子さん、吉田さん、高倉さん、それにオランダ、フローニンゲン大学の言語学者のティエール・デグラーフ先生、アメリカ人考古学者のラッセル・グールドさん、そして私の八人である。結構な大所帯だったが、最初

写真24　トナカイ牧夫たちとの記念撮影。ニージネコリムスク地区のアラゼヤ川のほとりにて。1994年８月撮影（最後列右端が筆者、その左隣が齋藤晨二先生）

は参加者全員でヤクーチア北東部のコリマ川下流域まで出かけた。まずチェルスキーという町まで飛行機で行き、そこから小さな飛行機とヘリコプターをチャーターして、コリマ川流域からアラゼヤ川流域まで足を伸ばし、エヴェン、ヤクート、ユカギール、チュクチといった民族の出身者で結成されたトナカイ飼育農場を見学した。チュクチ型の「ヤランガ」とよばれるテント（上部が円錐形で下部が円筒形のテント）での暮らしを見せてもらった後、キャンプ地の人が、テントの解体から組み立てまでの過程、一五〇〇頭にも及ぶトナカイの群れの管理方法、投げ縄を使ったトナカイの捕獲からその解体処理までの過程などを実演してくれて、我々はそれを動画や写真、そしてノートに記録していった。また、この農場には狩猟班もあり、その猟師から野生トナカイ猟についての聞き取り調査も行った。この地域では春と秋の渡河地点での待ち伏せ猟が行われており、アラゼヤ川の岸辺にそのような猟のための待ち伏せスポットがある。かつては多数のトナカイが渡河地点に集まり、川に入ったところをボートに乗って接近して、槍で仕留めていくということだったらしいが（トゥゴルコフ著『トナカイに乗った狩人たち』刀水書房、一九八一年より）、現代では渡河地点を見渡せる場所からライフルで狙い撃ちしていく。ただし、トナカイが集まってくるまで静かに待っていなければならない点は共通する。

ついでにその年の春に仕留められた野生トナカイの肉をごちそうになった。調理方法はやはり塩ゆでするだけである。第二章でも触れたように、その肉の味はネネツのトナカイに匹敵するおいしさだった。野生である分だけ脂肪が少なく赤身が多いが、ここのトナカイは飼育ものよりも野生ものの方が味に妙な癖がなくておいしい。それらの肉は、永久凍土を掘って作った地下貯蔵庫に保存されていた。そこは常に零下七度ほどの気温に保たれていて、天然の冷凍庫になっている。そこには肉や魚の他、近くでとれたマンモスの牙なども見られた。野生トナカイの肉は時折町に売りに出されたり、親族に贈られたりしており、その時も我々が乗ってきたヘリコプターに二頭分の肉が積み込まれ、農場で働く人々の家族が住むアンドリューシキノ村に運ばれた。

エヴェノ・ブィタンタイ地区へ

このコリマ川、アラゼヤ川での調査の後、調査期間の後半はヤクーチア北部のエヴェノ・ブィタ

写真25　アントーノフ２型の複葉機。1994年８月撮影

ンタイ地方での調査に費やした。そこに参加したのは、井上さん、高倉さん、ラッセル・グールドさん、そして私の四人だった。行きは飛行機を使った。途中のバタガイ（ヴェルホヤンスク地方の中心地）というところで乗り換えて、そこから西へ向かって、エヴェノ・ブィタンタイ地方の中心村であるバタガイ・アルィタ（別名サックィルィル）というところまで飛ぶ。ただし、九四年当時はバタガイ・アルィタに向かう定期便の飛行機が小さな複葉機（アントーノフ2型）だった。

エヴェノ・ブィタンタイ地区というのは、一九八九年にヴェルホヤンスク地区から分離した新しい地区で、エヴェンという民族の民族自治を謳っていた。エヴェン（эвен）というのはツングース系の言語を話していた民族で、かつてはラムートとも呼ばれた。エヴェンキと同様に

写真26　実際に自分で暮らしていたヤランガ。バタガイ・アルィタにて1994年８月撮影

トナカイ飼育を伴う狩猟、漁撈に依拠した生活をしてきたが、その文化にはユカギール、チュクチなどのツンドラで暮らす古アジア系民族の影響が色濃く見られる。ソ連時代にはトナカイ飼育産業に従事するようになっていた。

エヴェノ・ブィタンタイ地区の総面積は五二・三平方キロメートル、一九九〇年代半ば当時は人口三千人ほどで、人が暮らす村はバタガイ・アルィタ、クストゥール、ジャルガラフの三つしかなかった。民族構成はヤクートとエヴェンからなっていて、人口はヤクートの方が若干多い。主要産業はウシとウマを飼う牧畜とトナカイ飼育で、乳製品と肉を生産する。それに漁業、狩猟業、毛皮獣養殖業などが続く。毛皮獣養殖は一九九〇年代半ばにはほぼ壊滅していた。

この地区は、ペレストロイカ時代末期の少数民族の文化復興、権利擁護運動が高揚した時の成果の一つだった。私たちは、地区分離運動に参加したファイーナさんという女性の家に泊めてもらうことにした。彼女の家の前に伝統的な円筒円錐型のヤランガが建てられており、そこにベッドを四台入れて、宿泊施設にしてもらった。中は結構広く、四人で寝泊まりするには十分だった。真ん中に鉄製のストーブを置いて、暖房に使った。八月とはいえ北極圏の中なので、明け方の気温は零度近くまで下がり、また、天気の悪い日は日中でも十度を下回っていた。壁と屋根はテント地で、ストーブを焚くと寒さは感じなかったが、雨の日には雨漏りがするので、上からビニールシートをかけてもらった。

本来は、ここに一週間ほどいて、ヘリコプターでツンドラ地帯へ出向き、この村の人が経営するトナカイ放牧キャンプで調査をする予定だった。しかし八月後半に入り、この地方の天候が安定せず、ヘリがなかなか来ない。ヘリの到着は一週間遅れた。その間、役場に出かけて、エヴェノ・ブィタンタイ地区でのトナカイ飼育や家畜飼育に関する古いデータを見せてもらったり、トナカイの乗り方を教えてもらったり、あるいはお年寄りにインタビューして、この地域の歴史を学んだり、ヤクーツクから来ていた村出身の若いジャーナリストのインタビューを受けたりなどしていたが、次第に村ではやることがなくなっていった。

予定より一週間遅れてようやくヘリが到着し、それに乗ってトナカイ放牧キャンプに出かけた。四人でしばらく滞在し、私と井上さんが次のヘリで帰る予定だったが、遅れたために、私は、井上さん、高倉さん、グールドさんを送って放牧地まで飛び、そのヘリに乗ってそのままバタガイまで帰らざるを得なかった。出張期間の残りが少なくなっていたからである。そのために、そのキャンプには一時間ほどいて、そこの主婦たちに挨拶し、お茶とトナカイの乳で作ったヨーグルト（試したがあまりおいしいものではなかった）をごちそうになってそそくさとその場を後にしてしまった。八月末のツンドラにはすでに雪が降った跡があり、水たまりには氷が張っていた。バタガイからヤクーツクに帰ってくると、そこでは紅葉が始まっていて、秋真っ盛りであった。そして、ヤクーツクからハバロフスクに出てきて、愕然とした。そこでは摂氏三十度の真夏が続いていたのである。わずか三日間で冬から真夏に逆戻りである。同じシベリア（ハバロフスクは極東）といっても、地方によって気候が全く違うことを実感した。ちなみに、バタガイ・アルィタは北緯六十八度弱、ヤクーツクは六十度前後、そしてハバロフスクは四十八度ほどである。

私が去った後、井上さんは一週間キャンプ地に滞在して次のヘリで帰ったが、高倉さんとグールドさんはそのまま残って、ここで十月まで一ヶ月半にわたって頑張った（その後、バタガイ・アルィタとヤクーツクに滞在してその年の年末に帰国）。ただし、グールドさんは全くロシア語がわからず、高倉さんも当時はまだロシア語会話は苦手だった。その状況での調査は相当の苦労を伴っていたことが想像される。しかし、図面を書くことに長けていた考古学者を伴っていたことで、高倉さんはこのキャンプ地の見事な図面を手に入れることができた。さらに、ここの家族と懇意になることで、次の長期調査が可能になり、彼はこの家族と総計で一年以上にわたってともに暮らすことになる。

その成果は彼の博士論文として結実した（高倉浩樹『社会主義の民族誌―シベリア・トナカイ飼育の風景』東京都立大学出版会、二〇〇〇年）

3　クストゥール村での狩猟調査――一九九五年秋

ヤクーツクからバタガイ・アルィタへ

次の年の九五年の十月十六日から十一月二十日まで、私は再びヤクーチアでの調査に臨んだ。この時は前年とこの年の前半に長期調査を終えて帰国していた高倉浩樹さんと、九三年の調査に参加していた池田透さんの三人で調査する予定だった。しかし、ヤクーツクまで一緒に来たものの、ヤクーツクからバタガイ・アルィタへ向かう飛行機のチケットがなかなか手に入らない。一週間待った上に、まず先に手に入った二人分のチケットを使って私と池田さんが先行して十月二十三日にバタガイ・アルィタに向かい、現地で高倉さんを待つことにした。当時サハ共和国（ヤクーチア）では地方路線の飛行機チケットの需給が逼迫していて、普通の手段では手に入らなかった。我々は、協力機関の人文学研究所のV・N・イヴァノフ所長の好意で、研究所から手を回してもらって優先的に手に入れることのできるチケットをいただいていた。しかし、それでも三人分を一度に手に入れることができないくらい、難しい状況にあった。

ヤクーツクからバタガイ・アルィタまでは中型のプロペラ機（アントーノフ21型機）で四時間程度

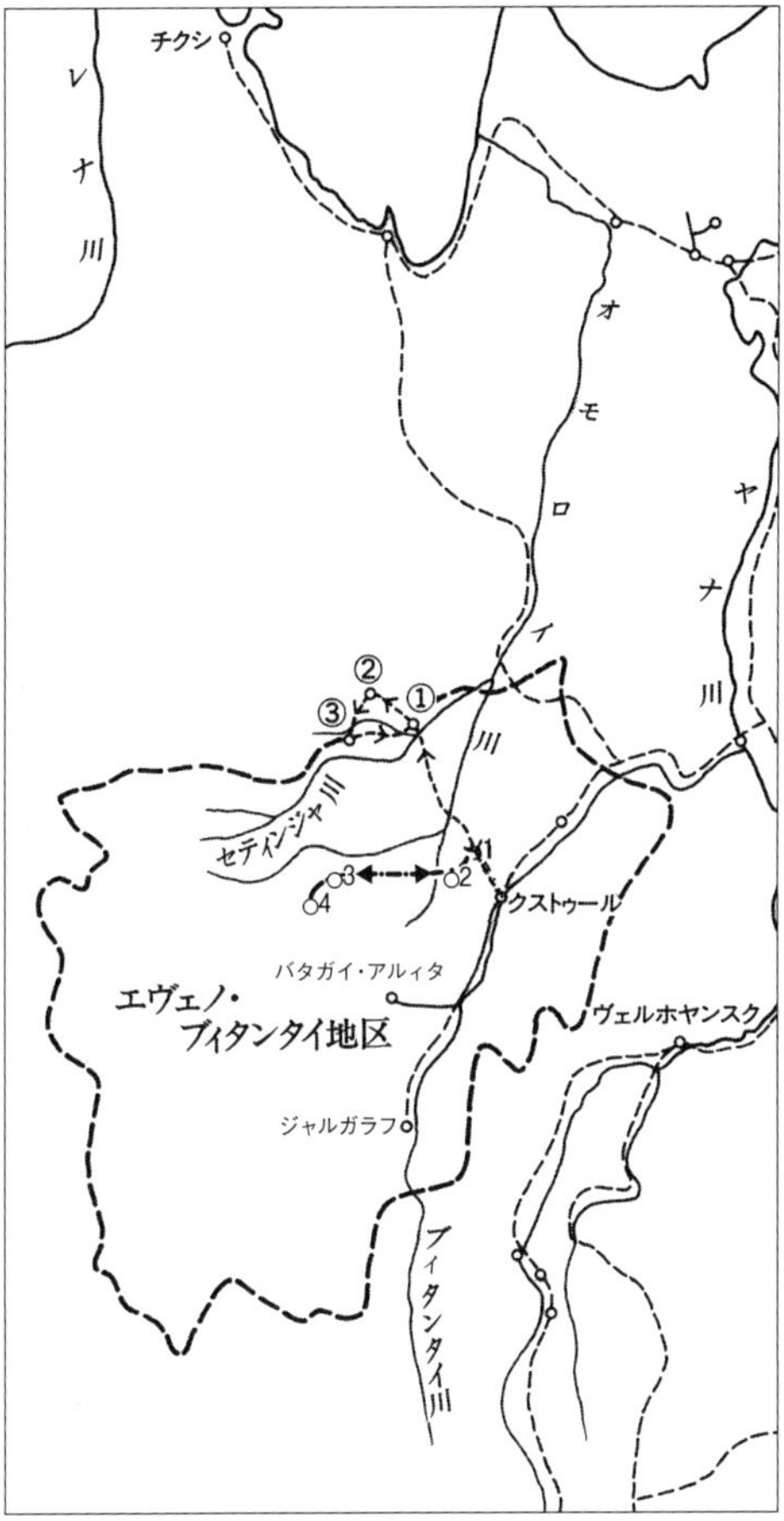

－・－・－・－　1995年の調査ルート

1 マンディヤ川の小屋
2 イッキアンバルの小屋（この小屋の北東で野生トナカイ猟を観察）
3 ベルリャフ湖畔の小屋（クストゥール村のトナカイ飼育コルホースの基地がある）
4 エルチェンの小屋（野生ヒツジ猟を観察した小屋）

----------　1998年の調査ルート

①モープル・スレプツォフが経営するトナカイ飼育農場のベースキャンプ
②モープル・スレプツォフの友人が所有する猟師小屋（野生ヒツジ猟を観察）
③モープル・スレプツォフが所有する猟師小屋（野生ヒツジ猟を観察）

------　車が通れる道路

━ ━ ━　エヴェノ・ブィタンタイ地区の境界

地図5　1995年と1998年の調査ルート

かかる。しかも、直行便を予約しているはずなのに、いつも途中でバタガイ・アルィタの東にあるヴェルホヤンスク地区の中心地バタガイの空港に寄航するので、たいていは二日がかりになる。実は地元の人に聞くと、二日で着けば運がいい方で、下手するとバタガイで運行が打ち切りになり、そこで一週間ほど足止めを食うという。この年の往路は誠に幸運なことに予約通りヤクーツクからバタガイ・アルィタに直行してくれた。

私と池田さんが、バタガイ・アルィタの空港に到着すると、村役場の人が出迎えに来てくれていた。人文学研究所のイヴァノフ所長から連絡が行っていたのである。役場では我々二人のためにわりと広い空き部屋を用意してくれて、村での宿に使うように便宜を図ってくれた。気温は外では常時マイナス二十度と三十度の間ぐらいだったが、宿は村の給湯施設からくる温水暖房によって凍えない程度の気温には保たれていた。

翌日早速役場に顔を出し、村長や助役、その他の村の役職者たちに挨拶をした。彼らにこの村に来た目的について説明し、調査に関していろいろと助力を願うためである。

村では前年度に知り合った人々を訪ねたり、村の公民館にある資料館を見学したりした。特に前年度の調査で懇意になった村の助役の一人であるインノケンチィ・アレクセイェヴィチ・アンモーソフ氏（彼とは年齢が近く、親しくなったので愛称でケンチャと呼んでいた。以下そのように呼ぶ）が、村の施設を案内してくれた。その中に毛皮を取るためのホッキョクギツネとギンギツネの養殖場があった。村の郊外の車で数分のところにあり、大きな建物とキツネを入れる多数のゲージが見られた。建物は養殖しているキツネの餌を作るための施設だった。ここはソ連時代には国営企業のドル箱としてフル稼働していたようなのだが、私たちが見学した一九九五年には廃業寸前となっていた。毛皮価格の暴落と輸送コストの高騰でもはや採算がとれなくなっていたからである。ただ、私はここで初めて生きているホッキョクギツネを目にすることができた。いわゆるブルーフォックス（空色ギツネ）と呼ばれる種である。ブルーとはいっても実際の毛皮の色は、冬のどんよりとした雪雲を思わせる色だった。

キツネの養殖場を見た日の夕方、今後の調査に関する相談をしようと思い、ケンチャの自宅を訪ねた。すると彼は我々に会うなり、自分は今年まだ休暇を取っていない、これから取るから一緒に狩に行かないかと誘ってくれたのである。ロシアではソ連時代からの慣習で一年に一ヶ月ほど連続で有給休暇を取ることができる。普通は夏のバカンスシーズンに合わせて取るのだが、ケンチャは秋の狩猟シーズンに合わせて取ることもあり、この年はまだ取っていなかったのである。これは私にとっても池田さんにとっても渡りに舟だった。しかもこのバタガイ・アルィタ周辺ではなく、彼のふるさとであるクストゥール村に行こうという。準備を考えて、その日の翌々日には出発ということになった。高倉さんは一週間遅い便で来るので、我々の出発までには間に合わない。とはいっても、去年、今年と一緒にツンドラで過ごした家族が彼を待っていてくれるので、彼のことは心配ない。ということで、早速ケンチャとクストゥール村に向けて出発することにした。

写真27　ホッキョクツギツネの養殖場。1995年10月撮影

写真28　ホッキョクギツネ。1995年10月撮影

クストゥール村

クストゥール村はバタガイ・アルィタの北東一一〇キロメートルのところにあり、緯度、経度では北緯六十八度より若干北、東経一三一度三十分ほどのところにあたる。経度的には山口県あたりから真北に行くとこの村にたどり着く。緯度では当然北極圏の中に入っている。村の気温や降水量などに関するデータは持ち合わせていないが、年平均気温は零度以下であり、降水量も極地に共通するように、低緯度地帯ならば砂漠やステップとなるほどの少なさであると想像される。

第二章でも触れたように、ここに砂漠やステップではなく、草や木が生えてツンドラや森林が形成されるのは、気温が低すぎて蒸発量が降水量を下回っているからである。また、この地域に森が形成されることについては、地下の永久凍土が関係する。夏の間に永久凍土の上層部が溶けることで（活動層の形成）で、樹木の生育に必要な水分が補給されるからである。また、エヴェノ・ブィタンタイ地区までくれば日差しは弱く、夏も冷涼だが、南のヤクーツク周辺では夏には強い日差しが照りつけ、気温は三十度を超える。そのようなときでも永久凍土が溶けて崩れてしまわないのは、生長した木々が日陰を作り、凍土の温度上昇を防ぐためであるといわれている。つまり、森と永久凍土は相互依存関係にあるというのである（齋藤晨二著『タイガとツンドラの世界』刀水書房、一九八五年）。

クストゥール村はこの地区にある三つの村の中では二番目の人口規模を持ち、人口は千人弱である（一九九二年のデータでは九七五人とあるが、過疎が進んでいたので現在はもっと少ないかもしれない）。主要産業はやはり牧畜とトナカイ飼育で、乳製品と肉の生産によって収入を得ている。しかし、トナカイ飼育はソ連崩壊後厳しい経営を強いられ、毛皮獣養殖は壊滅した。毛皮獣狩猟も組織的な経営は成り立たなくなっていて、個人的な現金収入の道になっている。

ソ連時代にはバタガイ・アルィタに本部を置き、クストゥールとジャルガラフに支部を置く巨大な国営農場が存在した（レーニン・ソフホース）。それは国家計画に従って、ウシとウマを飼育して乳製品と肉製品を生産し、トナカイを何千頭というレベルで飼育して、やはり肉を生産して、国家に売ることで経営を成り立たせていた。また、同時に毛皮獣養殖と狩猟業もその生産部門の一部とされていて、ホッキョクギツネやギンギツネを養殖し、ホッキョクギツネ、オコジョ、リス、ノウサギなどを狩猟して、その毛皮を計画に沿って国家に販売して、やはり国営農場の経営を支えていた。

ソ連崩壊とともに社会主義計画経済は市場経済に取って代わられ、国営農場は解散し、村の支部ごとに分割されて、独自に経営することになった。しかし、輸送費、燃料費、資材費が高騰するのと反対に、乳製品、肉製品、毛皮製品の価格は下落し、各企業体の経営は逼迫した。ことにトナカイの肉と毛皮類の価格の暴落は著しく、とてもトナカイ飼育業や狩猟業、毛皮獣養殖などの経営を維持できる状況にはなくなった。トナカイ飼育は少数民族の伝統的な産業であるとして、サハ共和国政府は補助金を用意して政策的に保護することに決めた。また狩猟に関しても、クロテンやオコジョ、ホッキョクギツネの毛皮の生産を共和国の重要な産業と位置づけて、狩猟活動の保護と資源の保全に予算と労力をつぎ込むことにした。しかし、養殖に関しては餌代と輸送費の高騰に販売価格が追いつかないために、多くの企業体で撤退が相次いだ。バタガイ・アルィタの養殖場は我々が訪れた翌年の一九九六年に廃業しており、クストゥールでは九五年にはすでに廃墟と化していた。

クストゥール村にあった国営農場の支部はほとんど組織をいじらず、コルホース（集団農場）の組織と名称をのこした（コルホース「ブィタンタイ」）。その他にこの村には、モープル・スレプツォフという人が起こした家族経営の農場があり、村から百キロ近く離れた山間部でトナカイ飼育、狩

写真29　オコジョ用の罠ソクソウ。1998年11月撮影

写真30　1998年の調査では実際にオコジョがかかっていた。1998年11月撮影

猟業、漁業などを営んでいた。この一族には一九九八年の調査でお世話になる。

十月二十六日にクストゥール村までジープタイプの四輪駆動車で出かけた。道は森の中に轍が二本通るだけで、ところどころぬかるんでいたり、轍が深く掘り込まれて、車の床が地面とこすれてしまうところがあったりして、スピードを出すことができず、一日がかりだった。村につくと、ケンチャのお姉さんのご主人というアントンという猟師に紹介された。彼は罠猟の名人で、くくり罠や落下式罠で多くのウサギやオコジョを獲ってきた実績を持つ人だった。このときもウサギ用のくくり罠の仕掛けと、ソクソウと呼ばれるオコジョ用の丸太落下式の罠を見せてもらった。動物生態学専門の池田さんが目を輝かせてそれを眺め、計測していた。

狩に出かける時の装備

我々がアントンに案内されて罠を見せてもらっている間に、ケンチャは旅行用のトナカイとそりの準備を進めていた。その準備ができたのが十月二十九日で、その日の昼過ぎにようやく出発の運びとなった。防寒着として、八八年のNHKの北極圏の取材で使ったカナダ製のダウンコートを持って行って着ていたが、ツンドラあるいは森林ツンドラ地帯の中をトナカイそりで旅するのは非常に寒いということで、その上から毛皮のコートを着せられた。下半身も、着用していたスキーズボンだけではだめだというので（その下にはジャージとタイツを履いていたのだが）、その上から毛皮の七部丈のズボン（ビュルーク、第五章2参照）と毛皮の長靴（タルバサー、同上参照）を履くことになった。毛皮のズボンはすねぐらいまでの丈しかない。しかし、それは毛皮の長靴と組み合わせることで完璧な防寒具となるように設計されていた。その長靴だが、毛を内側にしたウサギの毛皮のインナーと、毛を外に出したトナカイあるいは野生ヒツジのすねの毛皮でできたアウターとを組み合わせたもので、軽いのだが、非常に暖かいものだった。この靴を履けばマイナス五十度の厳寒の中を歩いても足が凍えることはなかった。ただし、その長靴には一つ欠点があった。靴底が滑らかで、氷の上では滑って非常に歩きにくくなることである。

帽子も毛糸の帽子の上から毛皮のロシア帽をかぶった。手袋も、ウサギの毛皮のインナーと野生ヒツジの毛皮のアウターからできているミトン型のものをはめた。したがって、全身毛皮づくしである。ただし、この年の調査ではそれほど気温が低くならなかった（せいぜいマイナス四十度までで、通常は二十度と三十度の間ぐらいだった）ので、この出でたちでは暑すぎた。途中で毛皮のコートを脱ぎ、毛皮のズボンも脱いだが、それでちょうど良いくらいだった（防寒着については第5章に詳述した）。

十月二十九日、トナカイそりが発進した。我々と同行してくれたのは、ケンチャと彼の友人のヴァーシャ（ヴァシーリー・イーゴルヴィチ・コルィツォフ）だった。この二人は村の幼なじみだったが、軍隊でも同じくソ連海軍の極東艦隊に所属し、ともにウラジオストークで勤務していたという。彼はしばしば巡洋艦に乗って、日本海や太平洋を巡航した経験があった。時には対馬海峡を越えて南下し、マラッカ海峡からインド洋を横断して、紅海までいったという。そのために二人とも当時

写真31　トナカイそりの旅に出発。1995年10月撮影

の元ソ連人としては国際派で、海外の事情にもよく通じていた。

　ヴァーシャは優れた猟師であり、トナカイ調教師だった。彼はリス撃ち用のトーゾフカという小型の銃とＳＶＴ（トカレフ型自動装填式ライフル銃、一九四一年製で、ヨーロッパ戦線で実際に狙撃銃として使われていたという年代物）と呼ばれる古いライフル銃をもち、犬を一頭連れていた。犬は私たちのそりのあとを懸命に走って追いかけたが、途中でそりに乗せてもらうこともあった。ケンチャはＳＫＳ（シーモノフ型自動装填式カービン銃、十連発）と呼ばれるロシアで人気の高い猟銃と、サイガと呼ばれる年代物（一九四五年製）のライフル銃を持っていた。これらはもともと軍用のライフル銃として開発されたものだが、狩猟用に転用されている。ちなみに私たちは猟師とつきあうことが多いので、銃に囲まれながら調査をしているが、ロシアは決してアメリカのような銃社会ではない。一般市民は銃とは無縁の生活をしており、その所持には厳しい免許制が敷かれている。私たちの調査に協力してくれた猟師たちの銃はみな合法的なものだったことは付け加えておく。

エヴェンのトナカイそり

この二人が二頭立てのトナカイそりを四台用意していた。二台は二人が乗る乗用そりで、あと二台はその後ろにつなぐ荷ぞりである。そりにはそれぞれ二頭ずつトナカイをつなぐ。荷ぞりのトナカイは乗用のそりの後ろにつながれる。さらにその後ろにスペアーとなる予備のトナカイを二頭つなぐ。一組の乗用そり、荷ぞりのセットに六頭のトナカイがつなげられるために、我々のそりキャラバンのために十二頭のトナカイが用意された。我々は荷ぞりに座って、荷物として運ばれる。地面の凹凸が大きいので、そりはよく揺れるが、その揺れに合わせて振り落とされないように体のバランスを取っていればよいだけなので、トナカイそりの旅はその意味では楽だった。後に二〇一二年と一四年に南シベリアでウマに乗って旅をすることを経験したが、乗馬に慣れていないと、そちらの方がはるかに疲れる。

ここでエヴェンのトナカイそりについて詳しく紹介しておこう。

エヴェンのそりはツングース型と呼ばれるもので、平坦なツンドラを高速で走るように設計されたネネツのサモエード型のそりに対して、凹凸の多い森林地帯や森林ツンドラ地帯の道を静かに、

写真32　エヴェンのトナカイそり。1998年11月撮影

しかし地面からの衝撃を柔らかくかわしながら進むのに適している。滑走部分の上に立つ座席を支える支柱は直立していて、それは滑走部分の木にほぞ穴をあけて差し込んである。しかし、ネネツのそりのようにほぞ穴の大きさをぎりぎりにして強く固めるようなことはしてはいない。それよりもわざと緩く差し込み、ほぞ穴の両脇にあけられた穴に革紐を通して、その紐で締め付けられている。他の部分もほぞ穴を緩くしてあったり、あるいは革紐で縛ったりして、なるべく部品の接合部分を強く固定しすぎないようにしている。したがってボディー剛性は低い。しかも、そりの前半分は変形するようにわざと柔らかく作られている。前の部分に車のバンパーのような弓形の部品が取り付けられるが、それも座席の一番前の支柱から引いてきた革紐で固定される。そりの前半分は、滑走部分の板の弾力と強く張った革紐の張力を使って、衝撃を受けて変形しても壊れずにすぐに元に戻るように作られてい

写真33　エヴェンのトナカイそりの乗り方。1998年11月撮影

る。それは、凹凸の多い地面の上、あるいは障害物が多い森の中で、下から、前から、横から、様々な方向から来る衝撃を柔らかくかわしながら進むように設計されているといえる。柔構造なので、乗り心地はネネツのそりよりもよい。しかし、スピードは出ない。また、森林地帯には固い地面がむき出しのところがあることから、夏には使えない。雪と氷に閉ざされた冬場だけの乗り物である。とはいっても、十月から四月までは使える。

操縦の仕方もネネツのそりとは異なる。トナカイは二頭立てである（まれに三頭立てもある）。そして左端のトナカイを先導トナカイとするネネツとは反対に、右側のトナカイを先導トナカイとする。トナカイの右の頬から引っ張ってきた手綱を左手に持ち、右手で長さ二メートルほどの竿をもって右のトナカイを御す。竿で右のトナカイの背中をたたくと出発である。竿は背中をたたいたり高く掲げたりすることでトナカイを励ますのにも使う。普通は道を行くので、強いて左右に誘導する必要はないのだが、右に曲がるときは手綱を引き、左に曲がるときは手綱を緩める。

座席への腰掛け方もネネツと逆である。ネネツは座席の左側に腰を下ろすが、エヴェンのそりでは右側に腰を下ろす。したがって、右足はほぼ滑走部分の上に置かれている。荷ぞりに乗っている我々は、荷物の上にまたがるようにして乗る。ただし、荷ぞりは乗用のそりよりも幅が広いので、足が短い私には完全にまたがることができない。そのために、足の置き場に苦労することもあった。

乗用そりにつなぐトナカイは比較的訓練が行き届いているものにする。右側のトナカイは先導役になるので、特に優秀なそり用トナカイをつなげる。ソ連時代でも優秀な先導トナカイは特定の個人が専有するような状況になっていた。それに対して荷ぞりには若いトナカイやそりに慣れていないトナカイをつなぐ。訓練のためである。一度ヴァーシャが、私が乗る荷ぞりに、初めてそりを引かせる若いトナカイを一頭つないだことがあった。訓練の開始である。今まで自由に森やツンドラを跳ね回っていた若いトナカイにとって、人に使われるのは初めての経験であり、しかも重いそりを引かされるのである。投げ縄で捕獲された当初はおとなしくしていても、そり用の索具をつけられ、そりにつながれるといやがり始める。そして、そりが動き出すと懸命になって逃れようと暴れ出す。それでもそりが動くとある程度はそれにつられて走り出す。しかし途中で猛烈に暴れ回る。時には後ろ向きになる（転ぶことはまずない）。荷ぞりを引く相方のトナカイにとっては全く迷惑な話である。

しかし、そのようなトナカイの扱いに慣れているヴァーシャは落ち着いたもので、暴れる若いトナカイの手綱を引き、巧みに体勢を立て直して、そりを引かせるようにしむける。彼は左手で先導トナカイの手綱を、右手で若いトナカイの手綱を持ち、ほとんど後ろを向いた状態で、巧みに先導トナカイを操りながら、道すがら若いトナカイの訓練を続けるのである。そして、一時間もそのようなことをしていると、若いトナカイもあきらめたのか、そりの牽引に慣れてきたのか、次第におとなしくそりを引くようになっていく。その後もたびたび暴れるが、一日引かせているとだいたい慣れてくる。ヴァーシャは非常に優れたトナカイ調教師でもあった。

猟師小屋での宿泊

十月二十九日にクストゥール村を出て、ブィタンタイ・コルホースのトナカイ選別場があるベルリャフ湖畔の小屋に到着したのが三十一日の夜だったことから、ほぼ三日間トナカイそりに揺られて旅をした。途中猟師用の小屋に二晩泊まりながらの旅だった。村を出て一時間ぐらいすぎたところにある峠に多数の色布がかけられた木が立っていた。その木の周囲にはウォッカの瓶が転がり、また薬莢や古くなった銃まで供えられていた。ヴァーシャとケンチャはそこにそりを止めると、この二人は喫煙者ではないのだが、やおらタバコを取り出して、その木の幹のくぼみに押し込んだ。我々もタバコをその木にその供えた。旅の安全と狩の成功を祈るための供物である。それは内モン

写真34　村の出口の峠にある聖なる木。1995年10月撮影

ゴルのオボを思い出させた。

その日は峠を越えて、川沿いにそりを進めて、村から直線距離で十五キロメートルほど、道のりで三十キロメートルほどのところにある狩の小屋で宿泊した。小屋に到着してまずすることはストーブに火を入れることである。とにかく体を暖めなくてはならない。それから次に薪の用意である。近くの枯れ木や立木を持参の斧で倒して、それを切ったり、割ったりして適当な長さ、太さの薪にして、小屋の中に積み上げる。その間にストーブの上に置いた鍋ややかんでお湯を沸かす。水は近くの川から氷を斧で切り出してくる。ヴァーシャに水汲みに行こうと誘われて、バケツや天秤棒ではなく、斧を一本引っさげていく姿に思わず笑みがこぼれてしまった。川から担いできた氷は小屋の外に設けられている専用の台の上に積み上げておく。必要に応じてそれを切り出し、鍋やバケツに入れてストーブの近くに置いて溶かすのである。

お茶と砂糖とパン（店で買ったものが主流だが、手作りの場合もある）あるいはビスケットはシベリ

写真35　旅の途中で宿泊した猟師小屋。右横にある台に氷を積み上げておく。1995年10月撮影

アで旅するときの必須の食料である。とにかく空気が乾燥しているので、お茶を大量に飲む。ロシアでは紅茶がよく普及している。インドやスリランカから輸入されたものである。私は普段は紅茶に砂糖を入れないか、入れてもスプーン一杯がせいぜいだが、ヤクーチアでは無性に甘いお茶が飲みたくなる。恐らくマイナス何十度という寒気の中で何時間も外で活動すると、相当のエネルギーを費やしているのだろう。そりに乗って旅をする時、我々は荷物同然にそりの上で何もせず座っているだけなのだが（バランスは常に取っている）、それでも腹が減り、お茶に大量の砂糖を入れたくなる。それは、寒気に対抗するために、それだけ体内のエネルギーを消費する（脂肪を燃やしている）ということなのだろう。ヤクーチアで

はパンにバターを厚々と塗り、そこにさらに砂糖をかけて食べるということをよくやる。初めてそれを見た時驚いたものだが、実際にやってみるとおいしく感じられるし、自然とそのようにして食べたくなる。それも消費したエネルギーを補おうとする体の自然の反応なのだろう。

パンやビスケットをお茶請けにして何杯かお茶を飲んで一服してから、トナカイをそりから外し、顔や胴につけられたひもや帯も外して解放してやる。その時必ず首に長さ五十センチメートル、太さ五センチメートルほどの木の棒をぶら下げる。ケンチャはそれを「トナカイのネクタイ」と呼んでいた。それは、トナカイの動きを制限して、遠くへ行かないようにするためである。トナカイも普段は小屋からあまり遠くへは行かない。その作業が終わってから、夕食の準備である。夕食は当初は持参のパンとビスケット、それにやはり持参の冷凍されたトナカイ肉か野生ヒツジの肉である。「冷凍された」と書いたが、外は常時マイナス二十度台、三十度台の寒さなので、トナカイそりで運べば何もしなくても冷凍になる。冷凍のかたまり肉を斧で割り、ナイフである程度の大きさの断片にしてから鍋に入れて水を注ぎ、ストーブの上においてゆでるだけである。ゆであがると塩を足して出来上がりである。当然ほとんどが骨付き肉である。それを食べるときには必ずナイフが必要である。私はケンチャから狩猟用のよく切れるナイフを借りた。ゆでられた肉は持参の洗面器のような皿に塊のまま置かれる。それを各人ナイフで切り取って肉片にして食べる。それでも歯では噛み切れないので、ナイフで肉片をそぎながら食べる。はじめは汚いなと思いながらろくに掃除もしていないテーブルの上で切って食べていた。しかし、そのうち慣れてくると、汚れた机に肉を置か

写真36　朝駆り集められたトナカイ。皆昨晩つけられた「ネクタイ」を下げている。

なくても、大きな肉片を口にくわえ、口の前で肉をナイフで切るという芸当ができるようになった。コツは、口にくわえる前に肉にナイフを入れておくことと、ナイフは口の下から上に向かって動かすことであった。肉を食べた後のスープもよく出汁が出ていておいしい。持参した肉はトナカイ（飼育されているもの）と野生のヒツジとあったが、やはり後者の方がおいしかった。

翌日三十日朝十一時頃出発する。朝皆起きるのは早いのだが、どうしても出発が遅くなる。解放しておいたトナカイを、駆り集めるという作業をしなければならないためである。この地域の小屋には必ず駆り集めたトナカイを滞留させるための柵が設けられている。朝起きるとまず、ストーブに火を入れ、お湯を沸かし、パンやビスケットでお茶を飲む。それだけでだいたい一時間ぐらいかかってしまう。それからやおらトナカイの駆り集めに向かう。足跡をたどっていけばその群れはすぐわかるが、結構離れたところまで餌やねぐらを求めて移動することもあるので、駆り集めに三十分から一時間ほどかかってしまう。そして、そりにつなげる作業でまた三十分ほどかかる。そして、そりの準備ができてから本格的な朝食である。朝食は前日の夕食の残りを温め直すこともあるが、新しく肉を切って作ることもある。そして、さらに出発前に薪の用意をし、小屋の備品で使ったものを整理して元の位置に戻しておく。

出発前に薪を用意して、小屋の中に積み上げておくというのは、シベリア各地でトナカイそりやウマを使って狩の旅に出かけるときの最低限のエチケットである。ソ連時代以来、ヤクーチアでも、それ以外のシベリア、極東のどの地域でも、ログハウス風の小屋が、要所要所に建てられていて、猟や漁、あるいは飼育トナカイ群の見回りのためなどに森やツンドラに出かけるときの宿泊施設として活用されている。普通は建てた人、あるいは建設のために出資した人がその小屋の持ち主になるのだが、原則誰が宿泊しても良い。費用はかからない。そのかわり、そこに泊まるものには必ず守らなくてはならない共通の慣習がある。それが、出発前に新しい薪を積み上げていくことなのである。それがなぜ、必要最低限のエチケットなのかといえば、常に寒冷、冷涼になる可能性のあるシベリア、極東地域では暖をとることが最重要の課題だからである。小屋に到着した人は、何はともあれ、まずストーブに火を入れて暖をとり、湯を沸かしてお茶を飲む。それがすぐにできるように、前に使用した人は、次に来る人のために、薪だけは最低限用意しておくのである。私も何度か

写真37　エヴェンのトナカイそりのキャラバン。1995年10月撮影

マイナス数十度の厳寒のヤクーチアのツンドラや極東の森を旅したが、その度にこのような小屋にお世話になり、そしてそこに用意されていた薪に何度も助けられた。今や出かける前には薪を積み上げていくというのが癖のようになってしまった。

このようなことを出発前にしているうちに時間はどんどんすぎ、結局七時ごろに起床しても、出かけるのは十一時過ぎになってしまうのである。そのかわり、一度トナカイそりに乗って移動を始めると、トイレ休憩はあるが、目的地まで飲まず食わずで行かなくてはならない。そのために、朝食はたっぷり取っておく。

トナカイそりの旅はとても静かである。聞こえるのは、雪面を蹴るトナカイの足音と、そりの滑走音だけである。時折鳥の鳴き声が聞こえる。トナカイたちは黙々と走り続ける。人口密度が低いところなので、めったに人には会わないはずなのだが、そりが通る道が決まっていると見えて、意外と他の旅行者や猟師に会う。一度森の中で大きなトナカイそりキャラバンに出会った。そりは六台ほどだが、その周りに牽引するトナカイも含めて二十五、六頭のトナカイがいる。彼らは我々が目指すトナカイ放牧キャンプ地からクストゥールの村に向かう途中のようで、村から物資をキャンプ地に持って帰るのが本来の役割だったようである。ケンチャの話ではトナカイそりで旅をするときには、スペアーのトナカイを含めて、このくらいの規模になるのが普通だということだった。

野生トナカイ猟

その日は森の北限を越えてツンドラ地帯に入ったところで、野生トナカイ猟に従事する四人の猟師にも会った。地名はマッサガダ（ヤクートの言葉で「森の終わり」という意味）という。文字通り木が少なく、森林地帯が終わり、ツンドラ地帯に移行するような場所だった。猟師たちはそこにテントを張り、野生トナカイ猟を行っていた。当時野生トナカイは貴重な食料源であり、かつ飼育トナカイの害獣でもあった。ヤクーチアでは野生種と飼育種との差が小さく、交雑するといわれる。そのために秋の発情期になると野生種の雄が飼育種の雌をさらっていくことが珍しくない。また、別な季節でも、野生種の群れが飼育種の群れと遭遇すると、攪乱したり、連れ去ったりすることがある。そして、ソ連崩壊後の混乱が続き、トナカイ飼育や毛皮養殖では現金収入はおろか、食料も十分に手にできないこの時代には、野生トナカイの肉は食料であり、また現金収入を得るための商品でもあった。食料と現金収入の確保、そして飼育トナカイの被害の軽減、これらの目的を持って、野生トナカイ狩猟はこの時代積極的に行われていた。ただし、公式には個人あるいは農場単位で免許を取得して、割り当てられた頭数の範囲の中で捕獲することになっていた。

一九九五年当時、野生トナカイの東への移動がしばしば騒がれていた。ヤクーチア北部ではタイミル半島方面からの野生トナカイの移動で飼育トナカイの群れに被害が出始めていて、それがエヴェノ・ブィタンタイ地区にも及んできていた。つまりこの年は例年に比べて野生トナカイの群れの出現頻度が高まっていたようである。この頃にはトナカイ飼育を経営の柱にしたいが、頭数が十分でないのでできないというような民間の農場が、野生トナカイ猟で得た肉を市場に売ることで経営を何とかつなげるということをしていたようである。

私たちが野生トナカイ狩猟をみた十月末から十一月初頭の時点では、移動する野生トナカイの群れは小さくなっていて、せいぜい十頭程度が固まってあちこちに出没するという状況になっていた。ここで出会った猟師たちは、そのような群れを見つけると、灌木や草の茂みやちょっとした窪地に身を潜ませ、様子を伺い、風下から射程距離までにじり寄ってライフルを発砲して仕留めるという「忍び猟」という方法で捕獲していた。仕留めた獲物はここまでやってくるのに使ったスノーモービルでテントまで運んで、解体する。肉の一部はその場でも消費されるが、大部分は村に持ち帰る。気温はマイナス二十度、三十度で腐る心配がないために、肉の取り扱いはたやすい。

写真38　白銀に輝くオモロイ川の流域。その日のうちに向こうに見える山々を越えていった。1995年10月撮影

その日はここの猟師に話を聞いたあと、さらに旅を続け、午後五時頃、ブィタンタイ・コルホースのトナカイ牧民たちの冬営地となるイッキ・アンバル（「二つの物置小屋」という意味）というところにある小屋に泊まった。午前十一時に出発して六時間ほど飲まず食わずで旅をしたことになる。その夜はよく晴れていたために、久しぶりに満天のオーロラを眺めることができた。

トナカイそりの旅

十月三十一日は私が経験したかずかずの調査の中でも最も印象深い一日となった。やはり朝八時頃には全員起床していたが、結局十一時過ぎに出発。その日はよく晴れて寒い朝だった。西に向かって進み、疎林に覆われた峠を越えると、眼下にオモロイ川（この川は北上して直接北極海に注ぐ）の広大な河谷平野が広がる。その峠を越える途中トイレ休憩をしているときにふと辺りを見回すと、きらきらと輝く塵のようなものがあたりを漂っている。特に木々の間から日の光が筋のように射しているところでは、その筋の中で光の点が激しく瞬きながら縦横無尽にたわむれている。全く音はしないはずなのに、何かさらさらと音を立てて輝いているようだった。それは初めて目にするダイヤモンドダストだった。小屋を出るときにはマイナス二十五度だったのでそれほど気温は低くはなかったのだが、峠の上では三十度以下まで下がっていたのだろう。ひどく寒かった。その後峠を下り、オモロイ川の河谷平野を横切るようにそりは走った。その間、ひどく悪寒を覚えた。熱があったのかもしれないが、実際に気温も低かったのだろう。毛皮のコートを荷物の束の中に入れたままにしていたので、カナダ製のダウンコートしか羽織っていない。その下には厚手のセーターと厚手のカッターシャツ、その下に半袖のTシャツ。着ていたものが全体に薄かったのかもしれないが、普段ならば布団を着ているように感じるダウンコートがぺらぺらのワイシャツのように感じられた。

オモロイ川のツンドラ状の河谷平野を進むうちに日は中天を過ぎてどんどん西に傾いていく。極地方の十月、十一月は、昼が急速に短くなっていく。その代わり夜が長くなるというのではなく、夕方が長くなる。というのは、極地方では日の出、日の入りの角度が浅いために、朝方と夕方のぼんやりと明るい時間が長いからである。日がかなり西に傾いてきた頃（とはいってもまだ二時過ぎぐらいだったが）、河原の向こうに小さな動くものが見えた。野生トナカイである。十頭ほどはいるだ

写真39　銃声に驚いて走る野生トナカイの群れ。1995年10月撮影

ろうか。野生トナカイはそりを引いている飼育トナカイに興味を持っているようである。お仲間とみるのか、ライバルとみるのかはわからないが、彼らは遠くからじっとこちらを見ている。距離は五百メートルもない。四百メートル程度だろうか。ケンチャがライフルを取り出して、二発発砲した。しかし、遠すぎるのか当たることはなく、トナカイは悠然と走り去っていった。

日が地平線の向こうに沈み、夕闇がゆっくりと迫ってくる。しかし、なかなか暗闇にはならない。そのような状況になってもそりは走り続ける。もう二つ峠を越えないと今日の宿営地であるベルリャフ湖畔のトナカイ牧民たちの小屋に到着できず、そこまで宿営できる小屋がないからである。そりはしずしずと木が一本も生えていない丘陵地帯に入っていく。まだ暗くなりきらず、薄青くなっている空に月が昇る。その月明かりに照らされて雪と氷に覆われた丘が次々と白く輝いてくる。その白く怪しく輝く丘の間をトナカイそりが静かに走って行く。私は一瞬別の世界に、つまり、あの世にでも迷い込んだのではないかという錯覚を覚えた。すでに出発して七時間から八時間は過ぎていた。途中で休憩を入れたとはいえ、一切の飲食をせずにトナカイそりで移動し続けている。体は疲れ切っているはずなのに、もはやその疲れすら感じられない。寒さも全く感じない。そりが雪面を滑る音が通奏低音となり、その上にトナカイの足音がリズムを刻む。そのようなＢＧＭを聞きながら、私はそりが宙を飛んでいるような感覚に襲われた。

その状態がどれほど続いたのかわからない。しかし、突然のそりの揺れにはっと我に返った。下り坂にさしかかったのである。

トナカイそりは下り坂の方が、操縦が難しい。時にそりが牽引するトナカイを追い抜いて滑り下ってしまうこともあるからである。そうなるとトナカイの制御ができなくなる。それを防ぐために、乗っている人は右足を雪に突っ込んでブレーキをかける。それは荷ぞりでも同様である。私は前の乗用そりにのっているケンチャに倣って、右足を雪に入れてブレーキをかけた。それでいっぺんに先ほどまでの夢見心地の気分は吹き飛んでしまった。ふと視線を上げると、ヴァーシャのそりの後ろの荷ぞりに乗っている池田さんが必死になってブレーキをかけている姿が見えた。

ブレーキングといっても結構難しい。雪の中は柔らかい雪だけでなく。硬い氷の部分が所々にあって、それが足にぶつかるからである。しかも、先頭を行くヴァーシャは慣れているためか、相当の急坂でもかまわず降りていこうとする。重い荷ぞりはついつい牽引するトナカイを追い抜いて滑り下っていこうとする。それを必死になって足で減速する。神経と体力を使う作業だった。

丘の斜面を降りきってなだらかな道に入ると、そこは森になっていた。ツンドラの丘を越えたのである。視界が急に狭くなった。すでに真っ暗になっている。そのころ雲が出てきたのか、月の光も届かなくなっている。しかし、なぜか薄ぼんやりとトナカイの前方に続く道や森の木々の影が見えるのである。雪明かりとでもいうのだろうか。雪が赤みがかった色に見え、その上に森の木々が黒々とした影を浮かび上がらせている。そしてその黒い影の間に一本の雪の筋が通っていて、それが道を示している。その雪の筋をたどるように、トナカイそりは明かりもつけずにしずしずと暗闇に沈む森の中を進んでいく。途中で一軒のテントを見つけ、そこでお茶を一杯ごちそうになって休憩したが、すぐにそこを発ち、目的地のベルリャフ湖畔の小屋に向かった。小屋に着いたのは午後九時を回っていた。この日は十時間以上に及ぶトナカイそりの旅だった。六十キロメートル以上を走破していた。

野生ヒツジ猟の現場へ

ベルリャフ湖畔の小屋では三日間過ごした。そこでブィタンタイ・コルホースのトナカイ選別作業を観察した。ここでの調査で印象的だったのは、ある大木の幹に明らかに動物の骨と思われるものがかけられていたのを発見したことだった。最初に池田さんが気づいた。よく見るとそれはホッキョクギツネの全身骨格だった。毛皮を剥いだ後、そこにかけられたもののようである。朝日がよく当たっていたことから、木の幹の東側にかけられていたようである。後でケンチャや小屋に住んでトナカイの選別作業に当たっていた牧夫などに聞いたところ、それは動物の再生を願って行う骨の処理方法の一つだとのことだった。クマを仕留めた後、その頭骨を聖なる木の枝に、特に東に顔を向けてかけておくという習慣はシベリア、極東の諸民族で共通に見られたものだったが、毛皮獣であるホッキョクギツネに対しても同様のことを行うのを知ったのはこれが初めてだった。

十一月三日にベルリャフ湖畔の小屋を出て、今回の旅の最終目的地であるエルチェンという場所にある狩猟小屋に向かった。オモロイ川に左岸から流れ込むアルティグ・ユリャフという川の谷間にある。その途中でリス猟を見ることができた。道の途中で突然ヴァーシャの犬が森の中に走り出した。ヴァーシャはそりを止めて、その様子を見ている。どうやら木々の梢の上を走るリスを見つけたようである。木から木へと飛び

写真40　木の幹にかけられていたホッキョクギツネの骨。1995年11月撮影

写真41　リスを撃つヴァーシャとそれを見上げる彼の愛犬。1995年11月撮影

移って逃げるリスを犬が地上から追う。とうとうある木の上でリスが止まった。犬は吠え立ててリスをおびえさせ、動けなくするとともに、主人にその位置を知らせる。ヴァーシャはリス撃ち用の銃であるトーゾフカを持って犬のあとを追う。すでにリスは恐怖で固まってしまっている。ケンチャがヴァーシャからトーゾフカを借りて二発ほど撃つが、リスはびくともしない。下から見上げてリスを撃つのは、かなり難しいようである。今度はヴァーシャが狙う。一発目は外したが、二発目でリスが落ちてきた。ヴァーシャがそれを取り上げて我々に見せてくれる。弾は目を撃ち抜いていた。すごい腕前である。毛皮銃を鉄砲で撃つときには目を狙うと聞いてはいたが、実際にそれを見たのは初めてだった。ケンチャが落ちたリスを取り上げ、慣れた手つきで皮を剥ぐ。剥ぎ終わると毛皮をくるくると丸めてコートのポケットにいれ、肉を犬に与えた。犬は喜んで一口でそれを食べてしまった。

エルチェンでは三日間野生ヒツジ（シベリア・ビッグホーン）の狩の様子を観察した。しかもこのときは幸運なことに一人で行う猟（単独の忍び猟）、二人で共同して行う猟（挟み撃ち猟）、そして四人で協力し合って行う猟（追い込み猟）と三種類の猟を見せてもらうことができた。その時の様子をフィールドノートから摘録しておく。

単独の忍び猟

エルチェンに到着した翌日の十一月四日には早速猟に出かけた。前日からケンチャとヴァーシャの海軍時代からの友人であるコースチャ（コンスタンチン・モープロヴィチ・スレプツォフ、ブィタンタイ・コルホースから独立した農場を経営するスレプツォフ一家の長男）がやってきて加わった。ここはクストゥール村の人々にとって共通の猟場のようである。朝からそり用の先導トナカイを探したが、ケンチャのトナカイが見つからない。私と池田さんは二人でヴァーシャのそりがひく荷ぞりに乗り、コースチャは自分のそりで単独で出たが、背中に鞍を置いた騎乗用のトナカイを一頭つないでいた。ケンチャは自分のトナカイを探しにベルリャフ湖の方に戻って行った。

朝十時小屋を出発。アルティグ・ユリャフ川沿いをさかのぼって山に入る。途中崖の上に一頭の野生ヒツジが見張りのように立ってこちらを見ている姿を目撃する。

十一時四十分、川からそれ、ツンドラ状の台地を行っていると、前方（西の方角）の山の中腹の南斜面に十頭ほどのヒツジ（雄二頭、雌四頭、幼獣四頭）が休んでいるのを、双眼鏡をのぞいていたコースチャが見つける。彼は騎乗用トナカイに乗り換えると早速そちらの様子をうかがいに出発す

写真42　野生ヒツジを撃つヴァーシャ。中央左寄りの点がヴァーシャ。その右に５つの点の列が見られるが、それが走る野生ヒツジ。1995年11月撮影

る。

十二時頃、我々と一緒にコースチャを待っていたヴァーシャがすぐ近くの北側の山の斜面に別の野生ヒツジの小さな群れを見つける。彼は我々にその場を動かないように指示して、徒歩で山に向かう。ヒツジがいる斜面は我々の真正面にあり、距離は五百メートルも離れていないので、彼らの様子をよくうかがうことができる。

十二時四十五分頃、ヴァーシャが山頂から斜面に姿を現す。しかし、彼とヒツジの群れの間には岩があるために彼らはヴァーシャに気付かない。五〜六頭ほどの群れである。彼は岩まで寄っていく。岩と獲物との距離は五十メートルぐらいである。

十二時五十分頃、ヴァーシャが狙いを定めて発砲する。早速一頭が倒れて、そのまま谷

写真43　その日の夕食は山盛りのヒツジ肉だった。1995年11月撮影

に転落する。銃声に驚いたヒツジたちがいっせいに走り始める。しかし、彼らは斜面を登るように逃げるので、逆にヴァーシャがいる方に近づく結果になる。再び銃声がして、もう一頭が倒れる。今度はヒツジたちは斜面を降りるように逃げ去っていく。

十三時頃、ヴァーシャは二頭仕留めたことを確認した後、その場に倒れていた一頭を谷に蹴落としてから下山を始める。

十三時二十分頃、コースチャが向かった山の方から銃声が聞こえる。

十三時四十分頃、ヴァーシャがもどってくる。すぐトナカイそりを引いて獲物の回収に向かう。われわれもその後をついて行く。山の麓から、斜面の真下に当たる谷の方に入っていくと二頭の野生ヒツジが転がっているのが目に入った。

十四時二十分頃、もとの場所まで獲物を運んでくる。コースチャはすでに戻っていたが、手ぶらだった。

十四時五十分頃、二頭の獲物の解体開始。

十五時三十五分頃、解体終了。肉をそりに乗せて出発。

十七時頃、小屋に帰着。途中でそりが壊れその修理に手間取ってしまった。

実はこのときの様子は私にとって少々衝撃だった。猟師が実際に大型の獣を仕留めるのを見るのはそれが初めてだったからである。谷間に転がっていたヒツジの目が緑色だったことを覚えている。ついさっきまで生きていたものがここに死体となって転がっていると思うと、少々寂しくなった。しかし、動物生態学を研究していて、当然野生動物の死に何度も直面してきた池田さんは慣れたもので、結構いいものが捕れましたねという顔で、獲物をそりに積み込むのを手伝っている。私も感傷にふけっている暇はないとばかりに別の獲物を運び上げるのを手伝った。一つの命を奪った行為を目の前で見ていたわけだが、そこに残酷さは感じられなかった。むしろ、マイナス二十度以下の厳しい環境の中で生きていくことの厳粛さを強く感じた。

二人による挟み撃ち猟

小屋に入っての三日目の十一月五日に、朝コースチャとヴァーシャが獲物を探しに出かけようとしていた矢先、ヴァーシャが小屋の真ん前にある山の斜面に雄の野生ヒツジがいるのを見つける。

十一時半頃、コースチャとヴァーシャが二人で出かける。私と池田さんは小屋の前からカメラと双眼鏡を使って観察を続ける。

十二時半頃、二人が森林限界線を越えて岩だらけの谷間を上っていく様子が見えてくる。ヒツジたちはそのはるかか上の尾根線に四頭確認できた。

十三時頃、二人の猟師が山の向こう側に消える。

十三時四十五分頃、尾根線上にいたヒツジたちに急な動きが見える。立ち上がり、移動し始める。その瞬間に銃声が山にとどろく。それからしばらく銃声が散発的に聞こえてくる。

十三時五十五分頃、銃声がやみ、ヒツジたちの姿が完全に消える。

十七時四十五分頃、猟師たちが小屋に戻ってくる。

実際の猟は山の向こう側で行われていたようなので、我々の目には入らなかったが、この山にいたのは四頭の雄だった。ということは我々の視界に入っていたヒツジしかいなかったわけである。山の下から忍び寄っていった二人は、次々に発砲し、そのうち三頭を仕留めた。一頭は我々の目の前に一度姿を現し、下の方へ逃れていった。

四人掛かりの追い込み猟

四日目の十一月六日には、四人が協力し合う追い込み猟を見学することができた。前日の五日に、私たちを村まで連れ帰るために、ケンチャのいとこのジーマ（ドミトリー・アレクサンドロヴィチ・アンモーソフ）がブラン（ソ連製のスノーモービル）で小屋までやってきた。ヴァーシャとコースチャは

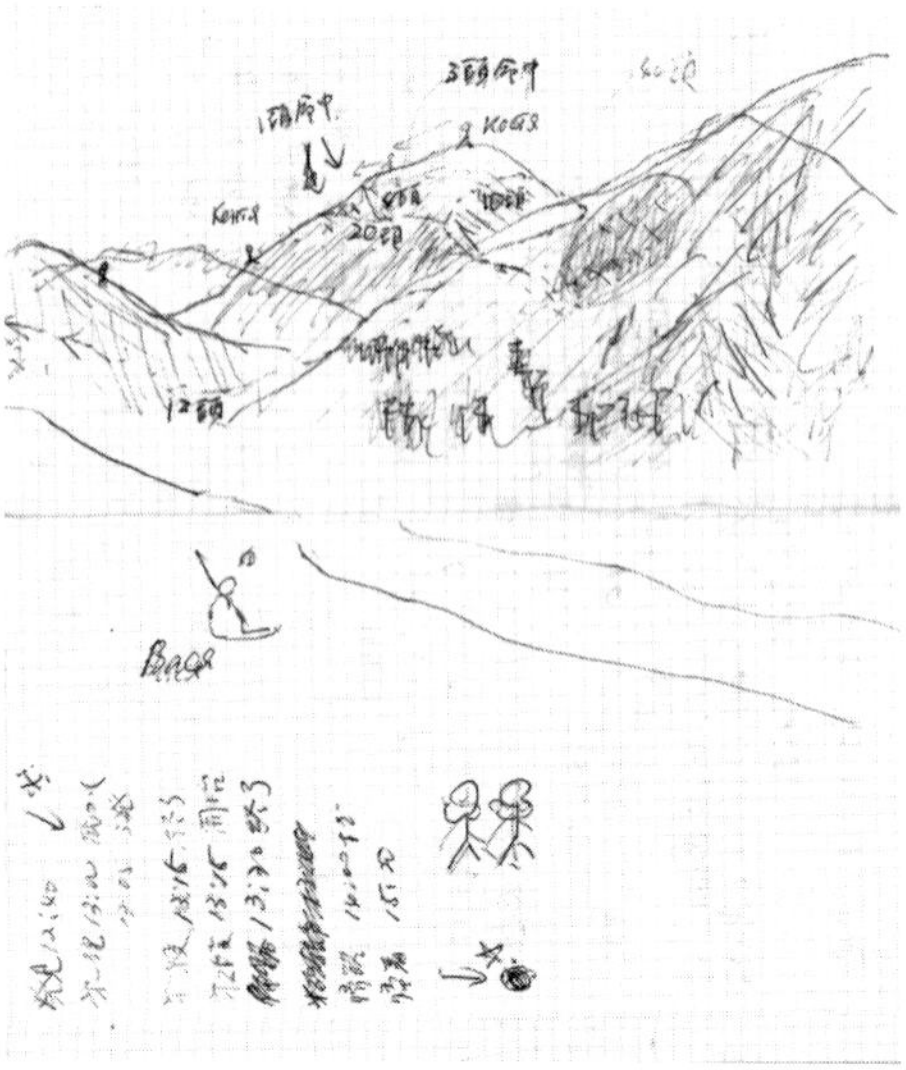

ヤクーチャ調査フィールドノート。４人の猟師による追い込み猟の図。1995年11月６日の部分

仕留めた三頭の獲物をそのブランで回収に行った。ケンチャもその日には戻ってきた。そして、翌六日にはケンチャ、ヴァーシャ、コースチャ、ジーマの四人が協力してヒツジの群れを取り巻く狩りをすることになった。

　九時四十分、猟場に向けて出発。ケンチャとコースチャは愛用のＳＫＳ、ジーマはケンチャのサイガ、そしてヴァーシャは自分のＳＶＴを持つ。

　十一時十分頃、アルティグ・ユリャフ川の河原から疎林に入ったところで、先頭を行っていたコースチャが引き返してきて、前方の山の斜面にかなり大きな野生ヒツジの群れを見つけたと報告する。

　十一時二十五分頃、ケンチャ、コースチャ、ジーマの三人が群れの裏手の山に

写真44　野生ヒツジを探して山を見る4人の猟師。左からケンチャ、ヴァーシャ、コースチャ、ジーマ。1995年11月撮影

向かうべく、そりで出発する。

　十二時二十分、彼らが持ち場につく頃を見計らって、残ったヴァーシャと私たちがヒツジの群れがいる方へ動き始める。

　十二時五十五分、ヒツジがいる山の斜面とは谷一つ隔てた丘の中腹に上る。向こうの斜面にはヒツジが四十頭ほどひなたぼっこをしている姿が見える。双眼鏡を使ってよく見ると、ヒツジたちのさらに向こうの稜線上にコースチャの姿が確認できる。

　十三時ちょうどに、ヴァーシャがＳＶＴを発砲する。この時刻に狩を始めると申し合わせてあったのである。轟音が山に響き渡るとともに、休んでいたヒツジたちがいっせいにコースチャがいる稜線に向かって走り出す。ヴァーシャは立て続けに三発発砲してヒツジたちを威嚇する。向こうでコースチャやケン

写真45　逃げていくヒツジたちを追撃するヴァーシャ。1995年11月撮影

チャが発砲する音が聞こえ何頭かが倒れる様子も見える。しばらくすると、十二頭ばかりがこちらに向かって走ってくるのが見えたので、ヴァーシャが慌てて狙って撃つが当たらない。彼らはコースチャたちが待つ方向へ向かわず、隣の山裾を走り、結局逃げおおせてしまった。結果的には四頭を仕留めた。

十三時半頃すべての銃声がやむ。狙撃班はそれぞれ倒した獲物を拾い集め、解体を始める。

十四時頃、三人の動きを確認した後、ヴァーシャのそりに乗って小屋に帰る。

十五時二十分頃、小屋に帰着。

十七時から十八時にかけてケンチャ、ジーマ、コースチャが次々と小屋に帰ってくる。

この四人による追い込み猟は、時間的にはわずか十五分ほどのことだったが、見事なスペクタクルだった。彼らはどこから威嚇すればどの方向へ群れが動くということを予測して布陣し、猟師が待っている方向へ群れを追いやっていった。十二頭のヒツジを逃したのは予想外だったが、同じ群れの動物でもしたたかな個体がいて、銃声に驚いてもすぐに動かずに様子を見て、猟師がいなさそうな方向へ逃げていったのがいたということである。四十頭もいる群れから四頭しか仕留めないのは少ないように思えるが、彼らはでたらめに狙っているのではなく、角の大きな雄を選んで撃っていたからである。

この三回の観察から、この地域で野生ヒツジ猟を成功させるための条件をいくつか知ることができた。まず、野生ヒツジが山の岩場に生息するという習性とも関係するが、この猟には獲物に接近するまでの間にかなりの距離の岩登りが必要なことである。しかも、重い銃と弾薬を持っての岩登りである。これには相当の体力が必要である。それとともに、どこに獲物がいて自分がどこをどのように動いているのかを正確に知るための地理的な感覚が必要である。野生ヒツジは猟師に気づかなければいつまでも動かないことから、焦って接近する必要はない。しかし、群れが見えていなくても、どのあたりにヒツジがいて、自分がどの位置にいるのかを常に把握している必要はある。そして、狙うときにはだいたい獲物より高い位置にまで上る。というのは、前足の方が後ろ足より短い四つ足動物は斜面を登るのは得意だが、下るのが不得意で、逃げるときには斜面を登るように走るからである。つまり、上から狙えば、獲物はまず近づくように動き出す。そして、最後に正確な射撃の腕が必要である。ヴァーシャとコースチャはこれら点においてきわめて優れた猟師だった。

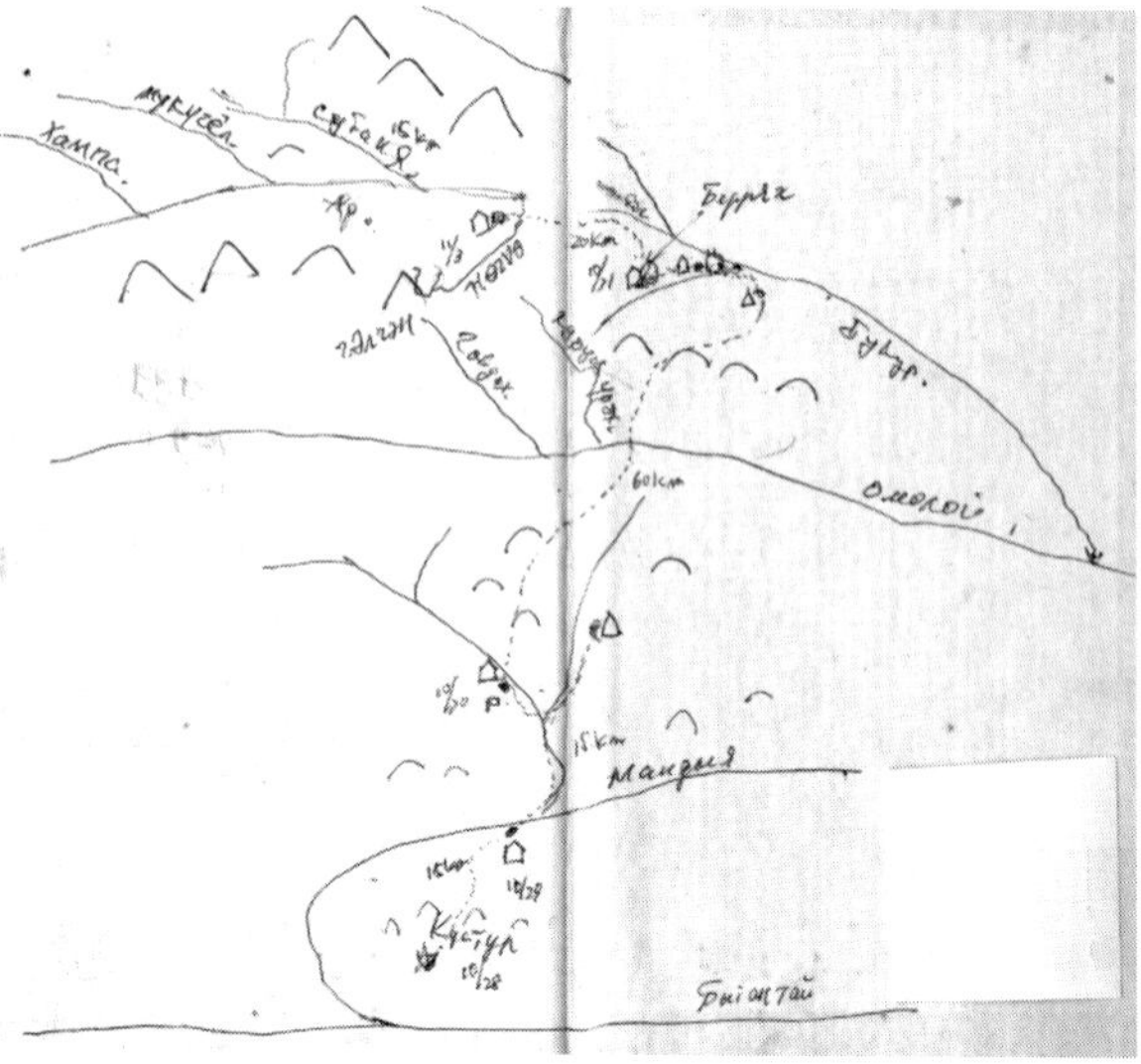

ヤクーチャ調査フィールドノート。1995年の狩猟調査の全行程を記したもの

彼らは長年のトナカイの放牧と狩猟活動を通じて、この地域の山や森の地理的な特徴を知り尽くしており、当然ここに生息する狩猟対象となる動物の生態、習性も頭に入っている。銃の扱い方も軍で教わって以来習熟している。そして、四十歳を過ぎてもなお銃と弾薬を持ったまま岩登りをするだけの体力を有している。その知識、技能、体力、いずれをとっても私たちはその前に頭を下げるしかなかった。このときほど都会で育ったひ弱さに自己嫌悪に陥ったことはない。そして狩猟が高度に知的活動であって、決して「未開」、「野蛮」なものではないことを身をもって知った。

　私たちが調査をしていた三日間で九頭ものヒツジを仕留めた今回の狩りは成功

といってもいいものだった。それでも、ケンチャもヴァーシャもコースチャも満足していなかった。家族を養うためにはまだまだ肉が必要だった。ケンチャの休暇もまだ半分使っただけである。ということで、我々は出張日程の都合で十一月七日にジーマのブランで村に帰ることになったが、彼らはまだまだ残って狩りを続けることになった。ブランの後ろには鉄製の荷ぞりがつけられている。我々は村に持ち帰る肉やその他の荷物を積んだ山の上にまたがり、ブランに牽引してもらった。さすがにブランは早かった。途中故障でツンドラの真ん中で止まり、ひやりとしたが、スペアーの部品を使って修理した。トナカイそりで三日かかった距離を一日で走り抜け、その夜にはクストゥールの村に到着した。翌朝、村での気温はマイナス四十度を記録した。

第五章　厳寒のシベリアでの調査

1　マイナス四十度以下の世界とは

再び冬のヤクーチアへ

人間の身体は生物的には熱帯あるいは亜熱帯的な気候に適応している。体毛が少なく、皮下脂肪もそれほど厚くないため、人間の体そのものの保温性は高くない。そのような人類がどのようにしてマイナス五十度、六十度に達するようなヤクーチアに暮らすのか、それを身をもって体験したのが一九九八年の三回目のヤクーチア北部調査である。全日程では十一月七日から十二月十日だが、そのうちヤクーチア北部のエヴェノ・ブィタンタイ地区で過ごしたのは十一月十二日から三十日までの約三週間である。

この調査もクストゥール村での狩猟活動の観察を目的としていた。そのために、前年九七年にヤクーツクでケンチャャに会い、九八年の調査計画を綿密に立てていた。さらに、今回は池田さんとともに、我が国における狩猟研究の第一人者である田口洋美さん（現東北芸術工科大学芸術学部教授）にも同行してもらうことにした。田口さんとは九五年に沿海地方のウデへというツングース系の狩猟民の古い狩猟技術と習俗の調査をともに行って以来の仲で、彼を連れて行くことで、池田さんとともに狩猟活動の細かいことを掘り下げた調査が可能になるはずだった。池田さんが出発直前に大学の学務の都合で出張ができなくなってしまったために、田口さんの参加は本当にありがたかった。

しかし、九五年に比べて、ヤクーチア北部の社会経済状況はさらに悪化していた。旧国営農場から分離独立して民営化された農場が軒並み経営不振に陥って事実上失業するトナカイ牧夫や牧畜民が後を絶たず、彼らが生活の糧を求めて、次々に狩猟活動（免許を持たない違法な活動も含めて）に参入してきた。その結果、野生ヒツジ、野生トナカイも含めて、大型の狩猟獣の資源が急速に劣化し始めた。九五年に調査したアルティグ・ユリャフ川の流域はバタガイ・アルィタ方面からやってくる猟師に占領され、獲物がほとんどいなくなってしまったといわれる状況になっていた。

そのために、この年にケンチャはより北の山に我々を案内してくれた。そこはコースチャの父親のモープルが経営する農場の領域だった。そこには猟師は少なく、まだ野生ヒツジ猟や野生トナカイ猟が見られるだろうと思われたからである。しかし、実際に行ってみると、ここでも失業状態の牧夫があふれていて、猟師が多すぎて獲物がほとんど捕れないという状態になっていた。この猟場には二週間近くいたが、結局成果は最初の猟で捕れた二頭だけだった。

しかし、その一方で九五年よりも一ヶ月遅く出かけたために、途中でヤクーチアの厳冬期に突入した。そのために、人間の生存の限界に近い低温での暮らしを直に体験することになった。

写真46　モープル・スレプツォフ氏。1998年11月撮影

北半球最寒の地

北半球で最も寒い気温（マイナス七十一・二度）を記録したことで有名なのはサハ共和国（ヤクーチア）東部のオイミヤコンという村だが、クストゥール村があるヤナ川水系（クストゥール村を流れるブィタンタイ川はヤナ川の支流）も低温を記録したことで有名である。例えば、ヴェルホヤンスクはオイミヤコンに抜かれるまで北半球の最低気温記録（マイナス六十七・八度）を持っていた。そしてクストゥール村もマイナス六十度近くまで下がることが珍しくない村だった。

地元の人々の説明では、私たちが調査を行った十月から十二月にかけての時期は、村の方が山の上のトナカイの放牧地や猟場よりも寒いという。というのは、ここは北極海に注ぐヤナ川の支流のブィタンタイ川という川の河谷平原にあるが、盆地状の低地となっていて、冷たい空気がたまりやすいからだという。つまり、この時期にマイナス五十度以下になるような日は、晴れ上がって、放射冷却が加わり、冷たい空気が盆地の底にたまることによって生じるのだという。そのとき大気の気温分布が逆転して高い場所の方が暖かい。トナカイ放牧地や猟場は村の周囲の山地状のところにあり、村よりも高度が高いので比較的気温が高く、冷たい空気がよどみやすい村の方が低いというのである。実際トナカイ飼育のベースキャンプを離れた十一月二十七日の現地の朝の気温がマイナス四十度(午前六時)だったのに対し、村に到着して翌二十八日の朝の気温はマイナス四十八度、郊外の森では五十度に達していた。

この地域では十月中葉からマイナス三十度以下に冷える日が続き、それが三月まで続く。十二月中旬から一月中旬までの一ヶ月間は太陽が地平線から顔を出さない。最も寒い季節は一月後半ぐらいで、その頃にはマイナス六十度にも達する。我々が調査した十一月から十二月の初旬は、この地域の人々にとってはまだ「寒の入り」といったところだった。実際現地の人々はマイナス四十度台では決して「寒い」という表現は使わない。それは当たり前の気温であり、日常生活には何ら支障はないのである。彼らが「今日は寒い」と顔をしかめるのはマイナス五十度以下である。ただし、個人差はあり、コースチャやヴァーシャなどは、マイナス四十度などは普通の気温だというのに対して、ケンチャは寒いのは苦手だといっていた。

寒さの質

ただし、気温は低いが意外と寒くは感じない。それは空気が極度に乾燥していることと風が弱いことが関係している。風と体感温度との関係は有名である。日本のような暖かい地域では風速一メートルにつき一度ほど体感温度が下がる程度だが、これが氷点下の世界となると下がり方も大きくなる。マイナス二十度ほどでも風が吹けば耐え難いほどに寒く感じる。しかし、風さえなければマイナス四十度以下でもそれほど寒さを感じない。「慣れ」という要因もあるが、小用で二、三分戸外に出るくらいであれば、ダウンの防寒着を着る必要もないほどである。

空気が乾燥しているのも体感温度を上げている要因といわれる。日本では北海道の東部か内陸部、あるいは本州以南の高山で、厳冬期のごく限られた時にしか見られないダイヤモンドダストも当たり前のように出現する。木や草は常に霧氷で覆われて銀色に輝いている。空気中の水蒸気はすぐに凍結してしまうのである。したがって、空気は砂漠のように乾燥している。このような乾燥した中では寒さが身体にまとい着くという感じがない。湿度の高い日本は気温の割に寒さ（というよりは「寒気」）を感じやすいが、極度に乾燥したこの地方では、寒さの質がはるかに「健康的」なのである。

しかし、空気がひとたび動いて肌を打つと寒さというより痛みが走る。マイナス四十度以下の世界では歩くだけでも空気が直接あたる頬の部分に激痛を覚えることがある。このような世界ではそよ風といえども体感温度を激変させてしまうのである。まして、ブランに乗って風を切りながら突っ走るのは実際に苦痛である。装備が悪いとたちまち凍傷になる。特に顔は衣服で十分に覆い尽くせない部分で、ブランで出かけるときはこの顔の防寒対策に苦労する。九八年の調査で、十一月二十七日に狩猟現場での調査が終わり、トナカイ飼育のベースキャンプからクストゥール村まで帰る途中、マイナス四十度台後半の寒さの中、久々にブランのエンジンが快調に回って距離を稼ごうと、凍結した湖の上で時速五十キロも出して飛ばされたときは、このまま体が凍結するのではないかと思われるくらい寒かった。視界を得ようとわずかに開けた帽子とマスクとの隙間からはいる冷気が瞼を切り裂く。村に着いてみると瞼の一部が赤くなり皮が剥けはじめていた。凍傷になりかかっていたのである。

防寒対策の必要性

マイナス数十度の寒さでも風さえなければ「耐え難い寒さ」ではなく、かえって澄み切ってよく冷えた空気が心地よく感じさえするのだが、やはり油断は禁物である。極度の低温の中では常に凍傷、凍死の危険がつきまとう。それを避けるために特に気をつけなければならないのは水気である。とにかく身体を濡らしてはならない。濡れたところからたちまち凍りはじめ、凍傷になるからである。汗をかくのも禁物である。汗が凍り、そこから凍傷にかかる上、汗が蒸発することで体温が過度に奪われ、低体温症になりかねない。したがって、寒いからといって厚着しすぎるのも逆によくない。トナカイの見回りや猟など身体を活発に動かすような作業に際しては、身体を動かして汗をかかない程度の着方をしなければならない。また、汗をかくほど身体が暖まってきたら、襟元をゆるめたりして余計な熱気を逃がしてやる。どうしても汗をかいてしまったら、即座に乾いた布でふき取る。肌の表面は常にさらさらに乾いた状態にしておかなければならない。

そして、さらさらに乾燥していれば、金属を素手でさわっても貼り付くことはない。北国では冬場には金属を素手でさわることは危険だとされている。手の水分が大気と同じ温度に冷やされた金属と触れると即座に凍り、皮が金属に貼り付いて、手を離そうとすると皮の方が剥けてしまう。しかし、厳寒期のヤクーチアでは手が濡れていない限りそのようなことはなかった。マイナス四十度の中で鉄製のドアの取っ手を素手でつかんでも貼り付かない。ただし、長期間触れているともちろん凍傷にかかってしまう。取っ手もマイナス四十度に冷やされているからである。

濡れていなくても、金属に触らなくても、凍傷は長時間冷気に触れ続けることでも起こる。露出することが多い顔や手は凍傷になりやすい部分である。地元の人でさえも故障したスノーモービルのエンジンの修理を素手で行うことが多いために、凍傷で手に障害を起こすことがある。顔では頬と鼻がやられやすいが、鏡がないと自分では見ることができないために、凍傷にかかっているかいないかの確認ができない。凍傷にかかり始めると感覚がなくなるため、なおさらわからない。そのために、このような極寒の地で外出するときは二人以上で出かけた方がよい。お互いに顔を見合って、白色変化と呼ばれる凍傷のかかりはじめの兆候がでていないかどうかを確認し合う。もしその気配があれば、すぐには温めず、初めはなるべく冷たいものでこすって少しずつ温め、感覚を徐々に戻すようにするというのが基本である。

このような極寒の地で生きていくのに、ここで暮らす人々はどのような防寒対策をしているのだろうか。

2　マイナス四十度の世界の服装

私は日本からも防寒着を若干用意したが、基本的には地元の人々と同じものを着用することにしていた。その土地の寒さはそこで育ったものが一番よく知っているのであり、そこで使われている服が最もその寒さに対応していると考えているからである。

人々の服装は、これらからどのような活動をするかによっても若干異なる。トナカイの群れの見回りや輸送用のトナカイの誘導、あるいは狩猟など身体を盛んに動かすような活動を行うときには、比較的軽装であり、トナカイそりやスノーモービルに乗って長距離移動を行うときには、身体を動かさずに風に打たれることになるために重装備となる。我々の観察するところでは、活動的な服装が基本になり、スノーモービルに乗るときにはその上にさらに重ね着する。

頭の防寒

まず、頭は毛皮の帽子で覆われる。今はロシア式の帽子が主流である。つまり、円筒形で、側面から背面にかけては折り曲げて二重になっていて、厳寒期にはそれを下ろして、首筋から耳、頬までを覆う。特に耳から頬を覆う部分は長くなっていて、先に紐がついており、厳寒期には紐を顎の下で結ぶことでさらに防寒性が高まる。寒くないときには背面部と一緒に上に折り返して、頂上で紐を結んでおく。これはロシア全国に普及しており、中国東北地方など東アジアの寒い地域でも見かけられる。日本でも北海道あたりではこれをかぶっている人を見かけることがある。帽子の材質はさまざまで、安いものはウサギだが、中級品ではマスクラット、イヌ、オオカミ、キツネ、アライグマなど、高級品となるとミンク、ギンギツネ、ホッキョクギツネなどとなる。モスクワやサンクトペテルブルクなどでは見かけたことはないが、ヤクーツクではクロテンの帽子が売られていた。さすがに毛皮の産地だけのことはある。毛並みが美しく、高級感あふれるが、値段は高い。現地の人にとっても高嶺の花だが、着用している人を見かけた。

写真47　完全装備となった田口洋美さん。ほとんどガンダム状態になっている。1998年11月撮影

クストゥールではクロテン

写真48　野生ヒツジの毛皮で作られたエヴェンの伝統的な帽子。1998年11月撮影

は生息していないのでその帽子を着用している人はいないが、それでも帽子は男女とも最もおしゃれするところと見え、ミンク、ギンギツネ、ホッキョクギツネ、ヤマネコなど毛皮の産地ならではの高級毛皮を使った帽子を見かけた。ただし、狩や漁、あるいはトナカイの見回りなどの労働につく際には、マスクラット、イヌ、キツネぐらいのクラスの帽子をかぶる人が多い。

この地域の伝統的なスタイルの帽子はロシア帽とは異なる。頂上が丸くなっており、側面の形も異なる。ロシア帽に比べれば顔の露出度は高い。材質もトナカイや野生ヒツジなどの毛皮が主流である。顔の露出度が高いのにはわけがある。地元の人の説明ではトナカイそりを操るときに広い視界が必要だからだというのである。というのは、後ろにつながれている荷ぞりのトナカイの様子を常に確認しなければならないからである。しばしば首を回して後ろを見るには、なるべく帽子の側面が小さい方が良い。

伝統的なスタイルのものにせよロシア帽にせよ、毛皮の帽子はそれだけでも十分暖かいが、地元の人々は大きめの帽子を持っていて、その下に毛糸や布の帽子を着用する。温暖な土地に住む日本人は頭部の防寒には無頓着な人が多いが、寒い地方に住む人々は非常に敏感である。ロシアでは気温が零度前後までしか下がらない初冬でも、通りを歩く人のほとんどが帽子を着用している。かぶっていないのは外国人である。頭は脳を衝撃から守るために丈夫な骨で覆われているが、それを覆う皮下脂肪は薄く、防寒という点では弱い。そこを寒気にさらせば、当然脳にも悪い影響をあたえることになる。マイナス三十度、四十度が当たり前のシベリアでは頭も二重に覆わないと、寒さに対応できない。私も日本から持参した帽子の上に毛皮の帽子をかぶって過ごしていた。

体幹の防寒

極寒の地では汗が発散しやすいアンダーウエアーがよいとされる。しかし、この地域では汗の発散と保温のために開発された特殊な合成素材のアンダーウエアーなどなかなか手に入らない。ほとんどの人が木綿の下着の上にウールのアンダーウエアーを身につけている。そしてその上から毛織りのシャツとズボンを着用し（ズボンは化繊のジャージのズボンのことが多い）、さらにセーターを着る。人によってはセーターの代わりにジャケットを羽織る人もいる。外で作業をするときにはその上から防寒用の上衣と毛皮のオーバーズボンを着る。現在は防寒用の上衣は中国製の綿入れが主流となっている。またズボンに綿入れを履く人もいる。トナカイや野生ヒツジの毛皮で作られたコートは暖かいのは事実だが、重くて活動的ではない。そのため、毛皮のコートはそりやスノーモービルなどに乗って風を切って走るときに、綿入れコートの上から羽織るのに使われる。九五年に野生ヒツジ猟に案内してくれたヴァーシャは、明らかに古い毛布から仕立てたと思われる上衣を着ていた。それも暖かそうだったが、重そうにも見えた。しかし、彼らはそのような重い上衣を着て、そのポケットに弾薬を入れ、銃をかついで岩だらけの山を、獲物を求めて登っていくのである。

九八年の調査の時、私は彼らの作業時の服装のレベルまでは日本から持参した装備ですました。下着は綿の半袖Tシャツと綿のパンツで、腰から足にはウールのタイツをはいた。その上にジャージの上下を着て、さらにセーターと釣り用のズボン（真冬の海釣り用の防寒性を重視したもの）を着用して、その上からダウンのコートを羽織った。このダウンのコートはカナダ製で、一九八八年にNHKの『北極圏』という番組（第二章3を参照）の取材協力でツンドラ地帯の調査を行ったときに支給してもらったものである。ダウンの防寒性は申し分なく、軽いので動きやすい。NHKとの調査の時にはせいぜいマイナス二十度台までしか下がらなかったために、このダウンコートの能力を十分に発揮できなかったが、その後、極寒期のアムール川流域やヤクーチア北部へ行き、マイナス三十度、四十度という温度の中で調査したときには、その保温力を遺憾なく発揮してくれた。ただし、ダウンを包んでいるナイロン製の生地が薄いために、枝や岩角に引っかかると破れる恐れがある。これまで幸いにしてそのような事故はなかったが、今回の調査ではついに野生ヒツジ猟を見るために岩山に上って、そこから降りる途中で足を滑らせて瓦礫の上を五メートルほど滑落した時に胸のあたりを鉤裂きにしてしまった。本来このコートは上にアウターを羽織って着用することで、弱い生地を保護するようになっているのだが、ＮＨＫはそのアウターまでは支給してくれなかったのである。

腰から下の防寒

腰から下を最終的に寒さから守ってくれるオーバーズボンは今でも毛皮製である。野生ヒツジの夏の毛皮が使われることが多い。ヤクート語で「ビュルーク」と呼ばれるこのズボンは膝下までの長さしかない。これは後で述べる「タルバサー」と呼ばれる毛皮の長靴とペアになっていて、膝下から下はこの長靴で覆われる。オーバーズボンもタルバサーも地面の雪がついてもすぐに払い落とせる用に、毛を外に向けて着用する。また、タルバサーの履き口から雪が入らないようにオーバーズボンの裾でタルバサーの履き口をくるみ、紐で締める。正しく着用されていれば、オーバーズボンの長さに余裕があるために膝を曲げ伸ばししてもズボンとタルバサーとの間にすき間が空くことはなく、雪が侵入することもない。身長が一八〇センチメートルを超える田口さんには残念ながら体にあうビュルークとタルバサーがなかった。こちらの人たちは総じて小柄だったからである。彼はできるだけ大きめのものを借りてはいたが、どうしてもビュルークとタルバサーの間に隙間ができて、そこから雪が入ってしまう。彼は休憩のたびにタルバサーの中に入った雪をかきだしていたが、そのときだけは長い足を恨めしく思ったことだろう。

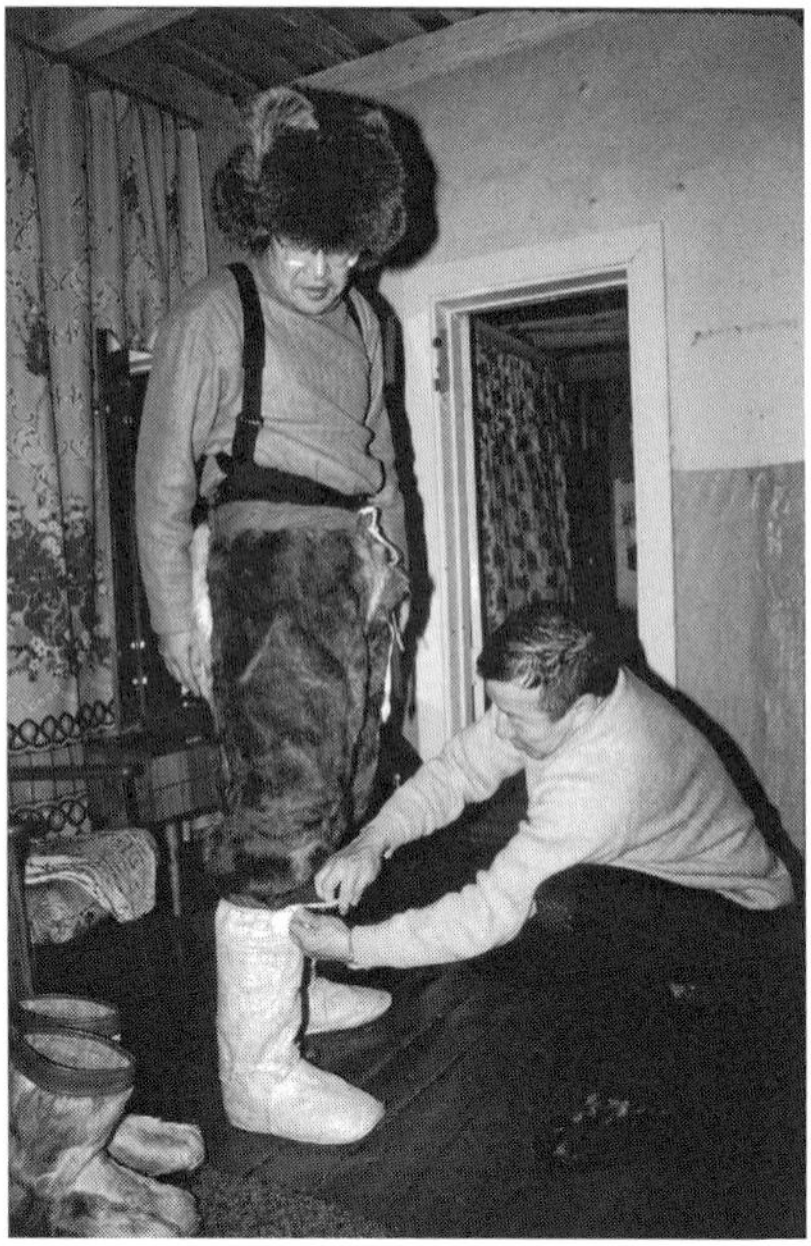

写真49　毛皮のズボン（ビュルーク）の裾とブーツ（タルバサー）との間を調整してもらう田口さん。1998年11月撮影

　確かにこのオーバーズボンを履くと暖かい。タルバサーと組み合わせれば下半身は万全である。しかし、とにかく重い。これを履くと脚全体に鉄亜鈴をつけて歩いているような気がするほどである。九八年当時は日頃運動不足気味だったこともあり、オーバーズボンにタルバサーという出で立ちで雪の深い場所をラッセルしながら歩くと、ものの五分もしない内に息が上がってしまった。それに懲りて今では一日三十分から一時間のウォーキングを日課にしているので、年はとっても当時よりは体力はあるかもしれない。

　九五年の調査でその重さを知っていたことから、なるべく履かないですまそうと思っていたが、九八年の調査の時には気温がマイナス四十度台で推移する状態であったため、さすがに常時着用せざるを得なかった。猟師たちも皆外出に際しては常に着用していた。

　猟師たちはそれぞれ家庭で母親や奥さんが作ってくれた身体によく合ったオーバーズボンとタル

バサーを持っている。この地方のヤクートやエヴェンは筋肉質で肩幅が広く、がっしりとはしているが、背は低い。小柄な私でも彼らの間では身長について優越感に浸ることができるほどである。しかし、その彼らがタルバサーを履き、オーバーズボンを身につけ、狩用のコートを着込むと非常にスタイリッシュなのである。例えば、我々の調査に協力してくれたペーチャという若い狩人のオーバーズボンは白い子どものトナカイの毛皮でできていて柔らかく、脚にぴったりとフィットしていて、なかなか恰好よかった。彼はそれにトナカイのすねの毛皮でできたタルバサーを履いて、野生ヒツジを求めて雪に覆われた岩山を軽々と登り降りしていた。

防寒着の悩み

さて、これだけ着込んでいると大変なのがお決まりのトイレである。

巷でいわれている、小用をするのに金槌が必要であるとか、小便が凍って柱が立つといった類の話は全て嘘である。しかし、一九八四年から八五年にかけての冬にＴＢＳのシベリア取材に同行した作家の椎名誠が書いている次の一節は事実である。

もうひとつ大変なのが立ち小便である。マイナス五十九度の極寒でも平均的小便時間ならまったく普通のように立ち小便をすることができるのだけれど、問題は思いがけないところにあった。

その時何しろぼくは普通の五、六倍ぐらい着ぶくれしていた。しかも一番上には毛足の太くて長い熊皮の上下を着ていた。小便をするためには両手で熊皮ズボンの前（ヒモ式）をあけ、次に羽毛入りのオーバーズボン（厚さ約二センチ）のチャックをあけ、さらにその下の純毛のズボンをあけ、そしてラクダのモモヒキをあけ、さらにパンツの前をあけ、というふうにこじあけるべきところがあまりにも多すぎるのである。ぶ厚い重ね着なので、開ける、というよりも〝掘り進んでいく〟というような気分だ。（椎名誠『シベリア追跡』集英社文庫、一九九一年六八頁—六九頁）

確かに、毛皮のオーバーズボン、釣り用の厚いズボン、ジャージ、ウールのタイツ、そしてパンツと開けていくと、開けるというよりまさに「掘り進む」というのはぴったりの表現である。体を温めるためと乾燥から身を守るために、長時間の移動の前には必ず砂糖をたっぷり入れたお茶をがぶ飲みする。そのために、旅の途中でも結構トイレ休憩が多い。休憩になるとそりやスノーモービルを操っていた地元の人たちがすっと道の脇に立って前をごそごそやり始める。私もその仲間入りをするのだが、そうすると頭の中にこの一節がむくむくと湧いてきて、苦笑いを禁じ得なくなるとともに、椎名誠の鋭敏な観察と適切な表現に感心させられた。

毛皮の性能

二十世紀後半以来、毛皮は自然保護運動や動物愛護運動をする人々にとっては不倶戴天の敵であるかのような扱いを受けてきた。しかし、マイナス四十度、五十度という寒さを毎年過ごさなくてはならないこの地域では、動物の毛皮は生きるための必要不可欠な素材である。現在防寒用にさまざまな合成素材が開発され、実用化されているが、毛皮ほどの実績を持つ素材はない。それも当然で、毛皮は人類がシベリアに住みはじめた数万年前から防寒素材としての実績を積み上げているからである。その防寒性については今更ここで述べるまでもない。寒さを防ぐには服と身体の間に温かい空気を保ち続けなくてはならない。その空気が漏れやすかったり、熱伝導率が高くて、熱が素材を通して外に逃げ出したりするようでは防寒性能が高いとはいえない。しかし、完全な密閉状態では体内から常に出される水蒸気の逃げ場がなくなり、服の内側に水滴が着いて凍傷、凍死につながる。したがって、熱の漏れ方を最小限にして水蒸気も適当に逃がすような素材が防寒服には求められる。毛皮はもともと動物の身体を服のように覆うものであり、特に寒冷地の動物の毛皮は寒さからその身体を守ってきたものである。自分たちの居住地に住む動物の毛皮を身にまとうというのは、その地域の寒さに対抗するのにまことに合理的なやり方なのである。

毛皮の衣服の威力は手袋、靴、帽子といった身体の末端部を覆うものにはっきりと現れる。私は手袋と帽子も合成素材のものを日本から持参していた。いずれもダウンのコートともにＮＨＫから取材協力のために支給してもらったものである。靴もカナダ製の防寒性にすぐれたものを支給され、

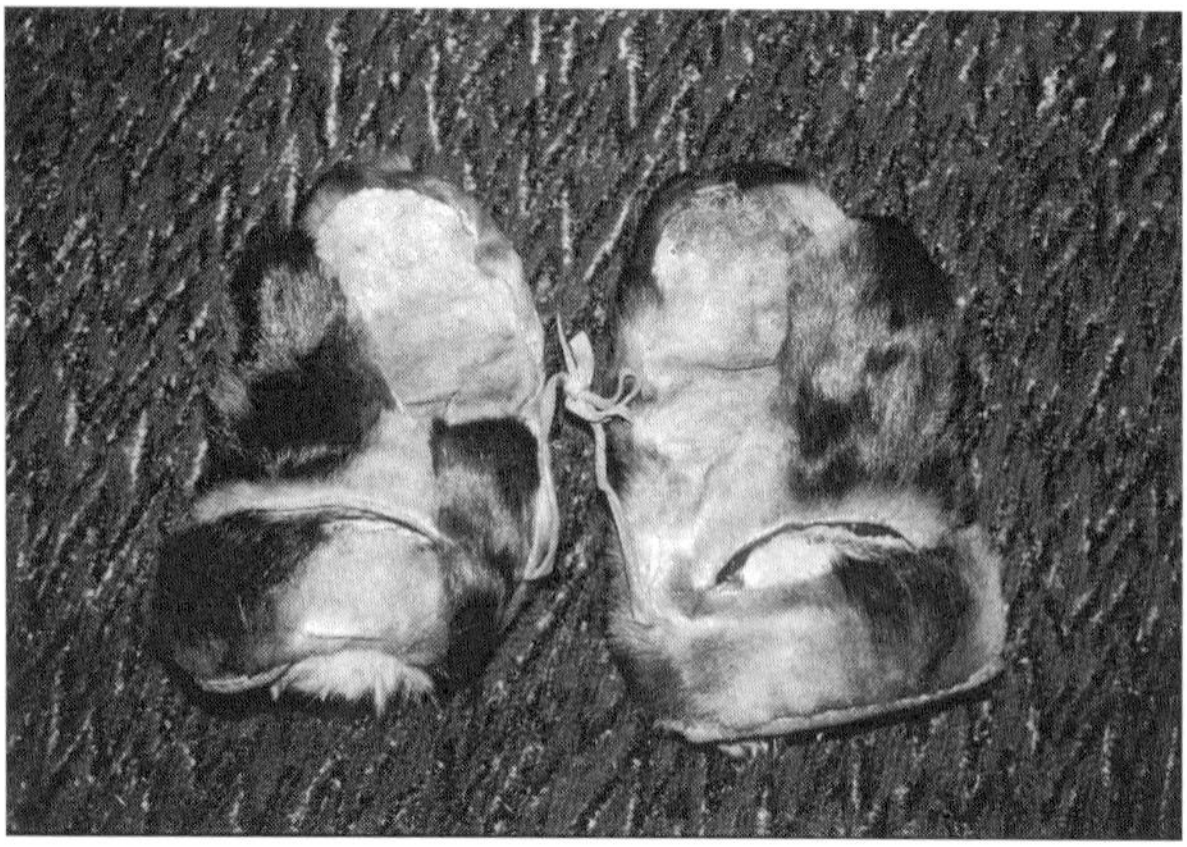

写真50　野生ヒツジの毛皮でできたミトン（ウトゥルク）。インナーはウサギの毛皮。1998年11月撮影

取材協力の後もアムール川流域での冬の調査に使用していたが、これはあまりに重く、かさばるのでヤクーチアには持参しなかった。これらの防寒具の中でヤクーチアでの狩猟調査で実際に役立ったのは前述のダウンのコートだけだった。手袋と帽子は防寒性が不十分でマイナス四十度以下の環境の中では耐えきれなかった。これらだけでは着用していてもじんじんと頭や手が冷えてくるのである。

ミトンとブーツ

毛皮のミトン型の手袋とブーツ型の靴の防寒性の高さは賞賛に値する。いずれもインナーとアウターの二重構造になっていて、アウターがトナカイか野生ヒツジの毛皮（靴の場合にはすねの毛皮が使われる）、インナーがウサギの毛皮でできている。普通毛皮は重い。特にコートはあまりに重くて動きが鈍くなるために、我々はスノーモービルで長距離移動をするとき以外は着用しなかった。しかし、ミトンとブーツの場合は合成素材の防寒用品よりも軽い。特にブーツの場合は、合成素材を使ったものだと、底の特殊ゴム（寒くなっても固化しないゴムを使う）と胴部の皮革部分、それにフェルト製のインナーがかなりの重量になる。そして、低温下では胴が固化して足首が動かせなくなり、結果としてロボットのような歩き方を強いられる。しかし、この地方のタルバサーと呼ばれる防寒用のブーツは軽くて柔らかく、歩くのも楽である。このタルバサーを初めて履いたとき、こんなに軽くて、こんなに薄くて寒くないかと一瞬不安になった。しかし、スノーモービルで風を切っても、雪に足を突っ込んで下り坂でそりにブレーキをかけても、全く寒さを感じない。むしろぽかぽかと暖かささえ感じられるのだ。

このタルバサーの数少ない欠点は底が丸く、柔らかすぎるために長時間歩くと疲れること（それでもロボットの靴よりははるかに疲れない）、さらに靴底がなめし革のために滑りやすく、平地はよいが、斜面（狩猟調査では結構山登りのようなこともする）を歩くのに高度なテクニックと体力がいることである。しかし、それでも地元の猟師たちはこのタルバサーだけで岩だらけの山や雪の斜面を登り降りする。ちなみに瓦礫の多い山を登って底が破れないだけの強度もある。

タルバサーと同様に私の足を寒気から守ってくれた靴にやはり地元で「ウンティ」と呼ばれる毛皮の靴がある。これもアウターがトナカイの足の毛皮だが、インナーにはフェルトや毛織りの布が使われ、底は分厚いフェルトでできている。ウンティを履かなくては過ごせないような厳冬期には雪が溶ける心配がないため、フェルト底でも水がしみこむ心配はない。ただし、これは都市生活に

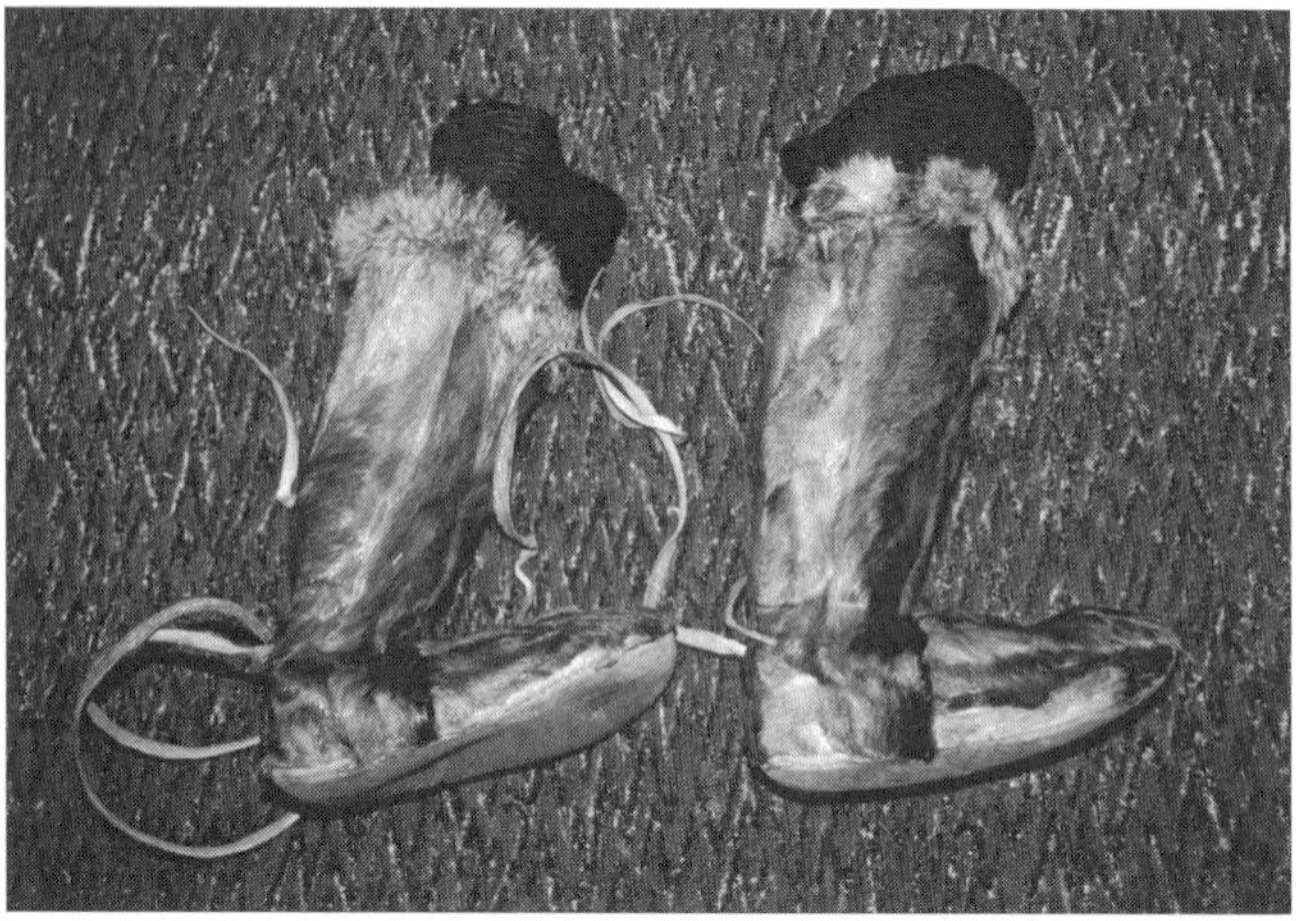

写真51　毛皮のブーツ（タルバサー）。1998年11月撮影

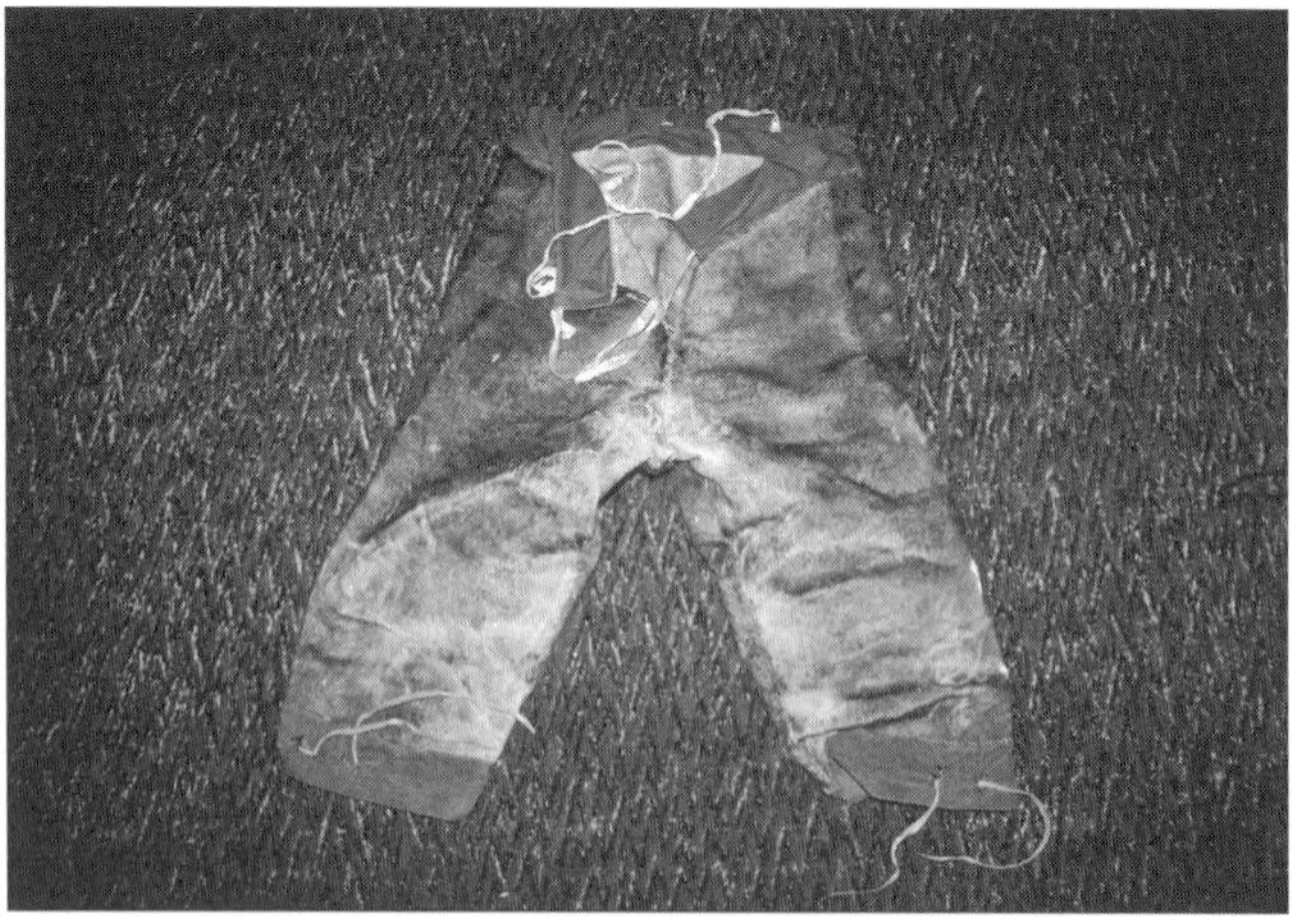

写真52　毛皮のオーバーズボン（ビュルーク）。1998年11月撮影

合わせた靴で、ガレ場を登るといったハードな使い方には向いていない。またインナーが毛皮ではなく、薄いことからタルバサーよりは防寒性に劣る。これではマイナス四十度台後半の気温の中をスノーモービルで飛ばすことはできない。しかし、それでも、日常生活の中ではマイナス五十度以下でも十分使える。というよりはヤクーツクなどの都市部では必要不可欠な靴である。ヤクーツクは人口十九万人のサハ共和国の首都でありながら、冬の最低気温はシベリア随一であり、マイナス六十度にさえ達する。ウンティはトナカイの毛皮の色の違いを装飾的に使い、全体をスタイリッシュな形に整形して、さらに縁飾りを施すことでファッション性を高めている。この靴は防寒性とファッション性を合わせ持った、シベリア最寒の都市に適応したすぐれた履物である。結構いい値段がするのだが、ヤクーツクの住民は真冬にはほとんどの人がこれを履く。私もヤクーツクに着くと早速これを買い求めた。二九〇〇ルーブル（一九九八年当時の値段。当時のレートで約一七四〇〇円）と結構高い。しかし、ウンティを履いた足下は全く寒さを感じなかった。分厚いフェルトの底だけでなく、トナカイの足の毛皮でできた胴部も全く熱を逃さないのである。マイナス四十八度のヤクーツクの町を、このウンティを履いて颯爽と歩いたのをついこの間のことのように思い出すことができる。

ヤクート語で「ウトゥルク」と呼ばれるミトン型の手袋も軽く、しかも風を通さない。この手袋にはアウターの手首の部分に切れ目が入っていて、そこから手を自由に出し入れできるように工夫してある。寒い中でも細かい作業をするときには素手にならなくてはならないこともある。そのときいちいち手袋を脱ぎ捨てなくても手を出して作業ができる。寒い地域で生き続けた人々の智恵である。

結局スノーモービルで飛ばしても、狩人たちと獲物を追って山を歩き回っても、足と手は凍えることはなかった。これはきわめて重要なことである。凍傷は手の指や足の指などまず身体の末端から始まる。その末端部を凍えないようにする。その基本がこの手袋と靴（タルバサーとウンティ）ではきちんと実践されているのである。

毛皮と革の強さ

完全に処理された毛皮はどんなに低温でも凍結、固化しない。私は少なくともマイナス五十度まではその事実を確認できた。化学合成素材でもそれは可能であるが、そのような素材を使った防寒着は値段が高い。私が日本から持参したカナダ製のダウンのコートの素材は調査期間中、たとえマイナス五十度に下がろうとも、全く固化せず、柔軟さを失わなかった。さすがに寒冷地用の素材の研究が進んでいるカナダ製のことはあった。しかし、日本製の防寒ズボンはマイナス三十度以下になると固くなりはじめ、歩くとパリパリと音を出し、激しく動くと破れる（というよりは割れる）恐れが出てきた。同行した田口さんが持参した合成繊維製の手袋は固くなって手にはめられなくなってしまった。それに対して、毛皮製の手袋ウトゥルクや長靴タルバサー、ウンティはどんなに気温が下がっても状態に変化はなかった。ヒマラヤ登山や南極越冬観測に使われるような高級品ならばマイナス四十度、五十度でも凍結、固化せず、しかも軽くて暖かい合成素材が使われるのだろうが、日本の冬山登山をターゲットとしたぐらいの防寒服ではシベリアの「本当の寒さ」には対応しきれないのである。

動物の毛皮、あるいは皮革がもつ寒さに対する強さは、そりの引き具や接合部に使われている革紐にも表れていた。第四章の3で詳しく述べたように、エヴェノ・ブィタンタイ地区を含む東シベリア、極東一帯では「ツングース型」と学者たちが呼んでいるトナカイそりを使う。このそりは背が低く、座席を支える支柱が直立しており、前に弓形のバンパーがつけられる。そして、各部品の接合部はほぞでがっちりと固めるのではなく、革紐で結ばれており、構造的に弾力に富むように設計されている。その革紐にトナカイのなめし革が使われている。また、トナカイとそりをつなぐ引き綱もトナカイの革である。そして、それらはどんなに低温になっても決して固化することはなく、霜もつかず、凍結によって破断することもない。地元の人に言わせると、木綿やナイロンの紐ではこのような耐久性はない。したがって、そのような紐は荷物を橇に固定するようなときに使い、低温の中で高度な耐久性が要求されるような場所には使わないという。

毛皮、革製品のメンテナンス

我々のイメージでは毛皮をはじめとする皮革製品はメンテナンスが大変である。革靴でも定期的にクリームを塗って手入れをしていないと、たちまち革の部分が乾いて痛んでくる。野球のグローブなども保革油を塗っていないと固くなってきて使いづらくなる。日本のような高温多湿の地域では防虫対策や防かび対策も大変である。皮革はイガのようなある種の虫たちにとっては絶好の餌である。私が勤務する民博でも毛皮製品や皮革製品の保存には二酸化炭素などを使って殺菌、殺虫してから密閉して保存するなどの対策をとっているが、それでも虫害、かび害を押さえるのは難しい。日本では冬にかなり低温になるにもかかわらず、防寒対策に毛皮が普及せず、またファッションとしても定着度が低かったのは、高温多湿な夏を越すのが難しいからである。

シベリアのような寒冷地はまた極度の乾燥地帯でもあるため、毛皮製品、皮革製品のメンテナンスは比較的簡単にすむ。さらに、調査地は緯度も高く、夏も冷涼なため、ほとんど手を加えなくても皮革類を保管できる。この地域でも一夏倉庫にしまっておくと、手袋もタルバサーも乾いてかなり固くなってしまう。なめしも明礬《みょうばん》やタンニンを使った手の込んだことは行っていないため、なおさら固化しやすい。しかし、この地域では毛皮製品や皮革製品に油脂を塗布して保管するという話をほとんど聞かない。彼ら自身皮革には保革油が必要であるということを知ってはいるが、普通は使い終われば雪を払い、アウターもインナーも十分に乾かして水気を抜いて倉庫にしまうだけである。そのような状態では次のシーズンには乾いて固くなっているが、人々はそれをよくもんで柔らかくするだけで、すぐに使いはじめる。当初固くて着用しにくくても、使っている内に柔らかくなって身体に馴染んでくるのである。

ただし、水気は嫌われる。皮革製品は大体において水気には弱い。毛皮の毛の部分には撥水性があるが、皮の部分は水をよく吸う。そして、一度濡れると乾燥に時間がかかる。先にも触れたように、寒冷地では水に濡れるのは禁物である。私自身も一度手袋のインナーを湿らせて、危うく手が凍傷になりかけたことがあった。インナーが水を吸うともはや毛皮の手袋や靴の特性が失われてしまう。つまり、暖かい空気を閉じこめられなくなる上に、乾きが悪いために濡れた状態が長く続く。インナーはウサギの毛皮でできているが、細くて長い毛がびっしり生えている部分は保水もよく、なかなか乾かない。そうならないように毎日使用後はインナーを抜いて、アウターとは別に乾燥させなくてはならない。

3　マイナス四十度の世界の家屋

ヤクーチア北部における村落形成と住居の変化

服の防寒に続いて、やはり生活の上で非常に重要な家の防寒について述べておこう。

クストゥールという村自体は帝政ロシア時代からある古い由緒正しい村であったが、基本的にはブィタンタイ川に沿って北上してきたヤクート（自称は「サハ」）の村だった。それに対して今日のエヴェンの祖先にあたる、帝政時代「ラムート」と呼ばれたツングース系のトナカイ飼育狩猟民は村に住まず、トナカイの放牧地や猟場を求めて一定の範囲内を定期的に移動する遊牧生活をしていた。そのため、村に定住するヤクートが木造の固定家屋に住んでいたのに対して、遊牧民たちは移動生活に適したテントに暮らすのを基本としていた。そのような「民族」や生業による居住形態と家屋の相違がなくなってきたのは一九三〇年代からである。スターリン時代の牧畜や狩猟などの生業の産業化と遊牧民の定住化によって、遊牧民、狩猟採集民たちによる村が形成されはじめた。しかし、当時はまだ集団化のために帝政時代の古い社会組織を利用するようなことをしていたために、小さな集団農場（コルホース）が数多く結成され、村もそれに応じて形成された。

そのような状況が大きく変化したのは一九六〇年代から七〇年代である。その頃はN・フルシチョフ、L・ブレジネフがソ連共産党の書記長をしており、集団農場の規模拡大と国営農場への転換が政策として実施された。現在のエヴェノ・ブィタンタイ地区にあたる地域に「レーニン」という名称のソフホースが結成されたのが一九六一年である。一九六三年には一九三一年に結成されていたサックィルィル地区が解体され、その大部分がヴェルホヤンスク地区に吸収された。その頃から人々の特定集落への集住が進み、古い村であったクストゥールはその時このソフホースの北の拠点とされ、その周囲にあった小村落は次々に合併させられ、住民もクストゥール村に家を移した。その結果、移動生活を続けていたトナカイ飼育や狩猟を主生業とする人々も村に木造の家を持ち、家族をそこに住まわせて、仕事のために村とトナカイ放牧地や猟場との間を定期的に往復するようになった。

トナカイ遊牧民の伝統的なテント

トナカイ飼育狩猟民であったラムートとその後裔であるエヴェンのトナカイ飼育従業者は独特のテントに暮らしていた。その形はチュコトカ半島やカムチャツカ半島に暮らすチュクチやコリヤークのトナカイ遊牧民と同じで、基部が円筒形で屋根が円錐形をしたものである。一見モンゴルのゲルに似ているが、構造は違う。まず三本ないし四本の木の柱で三角錐か四角錐を作り、それを取り囲むように三本一組で作られた壁の骨組みを十数組広げて丸く並べる（モンゴルのゲルとはこの壁の構造が違う）。そして中心の三角錐の頂上から壁の骨組みに向かって傘の骨のように屋根の骨を並べる。骨組みとなる柱材どうしは革ひもを結んで接合する。その骨組みを夏はテント地（かつては白樺の樹皮）、冬はトナカイや野生ヒツジの毛皮で覆う。頂上周辺は天窓兼煙抜きとして開けておく。冬の暖房は昔は炊事もかねて中心で焚き火を焚いていたが、ソ連時代には鉄製のストーブが普及し、天窓から煙突を出す姿が普通となった。第四章の2でも触れたように、私は一九九四年八月に初めてバタガイ・アルィタを訪れたとき、この種のテントで二週間過ごした。季節的にはまだ「夏」（それでも日中の最高気温はプラス十度程度までしか上がらず、最低気温はマイナス三度を記録した）だったので、覆いはテント地だったが、薪を燃やすストーブがすこぶる暖かく、薪が燃えている間は外がいかに寒くてもテントの中では凍えることはなかった。薪ストーブの熱量は高く、九五年と九八年の調査で家型のテントで夜を明かす経験をしたが、その時は外がマイナス二十度台だったのにもかかわらず、ストーブが燃えている間、室内はプラス二十五度まで上がっていた。

ヤクートの伝統家屋と現代家屋

ヤクートの家屋は夏の家と冬の家からなるのが普通である。共に木造だが、夏の家は丸材を立て並べて高いドームを作り、上は天窓兼煙抜きとして開けておく。ヤクーチア北部はそれほど気温が上がらないが、ヤクーツクを中心とした中央ヤクーチアでは夏は三十度を超える。そのような猛暑でも、天窓が開いた夏の住居は風の通りがよく、熱気がこもらないために非常に快適である。冬の家は木造軸組構造で、基本的な構造を柱と梁で作った後、丸材を縦に並べて壁を作り、屋根も丸材を並べて覆ってから、その外側全体に土を塗る。暖房と炊事のために家の中にかまどを設ける。煙突はかまどの上から屋根の上に煙が抜けるように設置された。明かり取りのために窓が切られるが、ガラスがない時代には氷が使われたという。この冬の家の中は二つに仕切られ、片方に人間が暮らし、もう片方には家畜が入った。ウマよりも寒さに弱いウシを守るためである。人間が暮らす側の床に板を敷き詰めた。この家は木の壁の上から土を塗るなど壁に断熱効果の高い資材を使い、建物全体を密封状態にするなど、防寒対策に重点を置いた作りとなっている。しかし、ソ連時代、この種の家屋は家畜と住むのが非衛生的であるとされて積極的に廃止された。現在でも農村で見かけることはあるが、家畜小屋として使われていて人が住むことはない。

現在クストゥール村の住民で、ヤクートにせよエヴェンにせよ民族固有の伝統的な住居に暮らす者は一人もいない。村の家は基本的にロシア式の丸太組の家屋（ログハウス）である。すなわち、まず、基礎と土台の上に丸材または角材を横に積み上げて壁を作りその上に梁を渡して天井材を敷き詰め、その上に切妻型の屋根をかける。壁材の隙間は乾燥させたコケまたはぼろ布、毛皮の屑、綿などで塞いで、隙間風が入るのを防ぐ。天井も隙間なく厚い板材か角材を敷き詰め、その上に土を盛る。やはり土を断熱材として利用するのである。屋根と天井の間の三角形の空間は物置として、当座使わない道具類の保管場所とされる。基礎部分に根太を渡して、その上に床を張る。

小屋の暖房

小さい家や狩猟用の小屋などは一室しかないが、村にある家屋は中を十字に区切って部屋を四つ設ける。その内の一つの部屋の中心側の隅に煉瓦でペチカ（ロシア風の暖炉）を設け、炊事と家全体の暖房に使う。ロシアのペチカは壁暖房で、他の部屋もペチカからの熱で壁が熱くなることで暖められる。また、入り口には前室が設けられて、出入りに際して冷たい空気が直に家に入らないように調節するとともに、物置としても使われる。物置にはペチカの熱が届かないため、室温が零下に保たれ、一種の冷凍庫の役割を果たす。日常使う肉や魚、時には野菜なども冷凍状態でここに保存する。

トナカイ飼育のベースキャンプや狩猟小屋の場合にはペチカではなく、鉄製のストーブがおかれて炊事、暖房に使われる。ペチカを作るには大量の煉瓦が必要だが、遠隔地であるトナカイ飼育の現場や猟場に煉瓦を持ち込むのが難しいからである。しかし、狩猟小屋は間取りが小さく、ベースキャンプの小屋でも各部屋にストーブをおけば、十分に暖をとることができる。そのストーブも私

写真53　トナカイ飼育農場のベースキャンプにあるモープル・スレプツォフ氏の住居。1998年11月撮影

写真54　家の中に置かれたストーブ。1998年11月撮影

が見た限りでは、テントや四、五人ほどしか入れない小さな狩小屋に使う小型の四角いストーブと十人以上寝られる大きな部屋用の円筒形の大型のものとがあるようである。ともに上部は平らになっていて鍋ややかんを乗せて肉をゆでたり、お湯を沸かしたりできるようになっている。焚き口は一ヶ所で、空気取り入れ口はないが、蓋の締まりが悪いので、空気の取り入れ口を付けなくても十分酸素は供給される。燃え方が悪いようだとその蓋に小さな穴をあけて入る空気の量を増やす工夫をする。煙突は後方に一本設けられていて、そのまま天井を抜けて屋根から外に突き出している。煙突は長くした方が暖房にはよいという話は聞くが、この地方では長くしているのを見たことがない。

ストーブやペチカの燃料には薪が使われる。猟場やトナカイ飼育場のベースキャンプなどでは近くの森で薪を調達できる。薪にするのは立ち枯れた直径十センチメートル前後のダウリアカラマツである。この地域の森はダウリアカラマツを中心とした明るいタイガであるが、そのダウリアカラマツの森も場所によってはほとんど全て立ち枯れていることがある。原因は一つではなく、火災や自然死などである。そのようにして立ち枯れている木はよく乾燥しているために斧で簡単に切り倒すことができる。それを小屋の前で長さ四十から五十センチメートルほどに切り、小屋の入り口近くに積んでおく。第四章3でも触れたように、狩猟小屋は誰でも利用できるが、そこを出立するに際しては必ず薪を、そこに到着したときと同じ高さまで積んでおくことがマナーである。極寒のツンドラや森林ツンドラ地帯を旅する者にとって、点々と設けられている狩猟小屋は砂漠のオアシス

写真55　焚きつけに使う削りかけ。1995年10月撮影

のようなものである。そこに行けば必ず暖がとれる。しかし、小屋に到着しても薪がなければ、すぐに暖を取ることができず、命に関わることになる。このマナーは厳しい自然を生き抜く人々にとって必要不可欠な約束事なのである。

　積みおかれた薪は随時必要に応じてストーブにくべられるが、猟師たちは夜就寝前に必ず薪の何本かを縦に割って、そこにナイフで何か細工をする。木の表面を薄く削るのだが、最後の部分は残しおいて、完全には削り取らない。それを幾度か繰り返すと、ちょうどアイヌの人々がカムイに捧げるイナウのような「削りかけ」ができる。そのようなものを寝る前に必ず五、六本ほど作る。それは実は焚き付け用の薪なのである。彼らは朝一番にストーブに火を入れるとき、よく乾いた薪を三本ほど入れておいて、この「削りかけ」にマッチで火をつける。何度もいうように空気は極度に乾燥しているので、薄い木片はマッチで簡単にメラメラと燃え上がる。その火は結構火力が強く、それを二、三本ストーブに入れれば、ストーブの中の薪を点火させてしまうのである。そして一度太い薪に点火すればあとは随時太くて乾いたのを足していけばよい。

薪は短時間で燃え尽きてしまうが、火力は強い。暖房だけでなく、炊事でも薪ストーブは役に立つ。一度猟師たちに乞われて日本式にご飯を炊いたことがあったが、この強い火力が六人分のご飯をふっくらと炊きあげてくれた。彼らには珍しい調理方法だったせいか、米をよく洗っておいたせいか、はたまた炊き方そのものがよかったせいか、彼らは喜んでお代わりしてくれた。

生活に必要な薪の量

暖房と炊事を薪に頼っていると一家族で一年にどのくらいの量の薪を燃やしてしまうのだろうか。狩猟小屋で暮らしていて一日にどの程度薪を使っていたかを計測することはできなかったが、村で比較的裕福で、温室で野菜なども作っているという先進的な家庭で話を聞いたときには、炊事、暖房、野菜栽培用の温室の暖房全てを含めて一年間に六十立方メートルの薪を使うという話だった。単純に計算すると、六十立方メートルとは三メートル×四メートル×五メートルの直方体である。長さ四メートル直径二十センチメートルの丸木を使ったとすると、単純に計算して、年間三七五本の丸太を薪として燃やすことになる。大雑把にいって一日に一本の木を燃やしていることになる。これが直径十センチメートルほどの木であれば、一日に四本必要という計算になる。

猟場やトナカイの放牧地では薪に必要な木は小屋の周囲にいくらでもあり、立ち枯れたのを選んで切ればよい。ただし、近所の木は既に切り尽くしていることもあるため、時にはトナカイそりに乗って出かけなくてはならないほどの距離にある森から調達しなければならないこともある。私たちの狩猟調査の最後のジャムという地方にあった狩猟小屋では小屋の周りには薪にするのに適当な立ち枯れの木が少なくなっていたために、猟師たちはトナカイそりで近所に出かけ、薪を調達していた。

クストゥールの村では、住民の数が多いために（人口千人近い）、近所の森の伐採は禁止されている。大人数で薪用に伐採されたら、たちまち森が破壊されてしまうからである。薪用にせよ、建築資材にせよ、木材は広くまばらに伐採するということを原則としているようで、いずれも村から半径二十キロメートル以内では伐採が禁止されているそうである。そのために、木材は役場でトラックと伐採人を雇って、遠方の森まで伐採に出かけて調達している。ソ連時代には全て国家の計画に沿って伐採面積や伐採区画を決めればよく、またトラックやその燃料も国から支給されたが、そのシステムが崩れた九〇年代には、伐採人の給料だけでなく、燃料から機材の修理部品まで不足しており、村人が薪を調達するのも難しい事態となっていた。

家屋の防寒対策

家屋の防寒は暖房施設の充実とともに、壁や屋根の断熱効果を高めることが肝要である。木は断熱効果の高い材料であるが、この地域のログハウスの場合には太さ二十～三十センチメートル前後のダウリアカラマツの幹が使われる。一九三〇年代には村の家でも丸材が使われたが、現代では狩猟小屋でも一応角材に整形したものが使われている。村の家は居住性と防寒性を高めるために壁や天井の内側には漆喰を塗り、さらにその上にペンキで色を付けているが、ベースキャンプや狩猟小屋ではそのような細工はしておらず、角材の壁がむき出しである。角材どうしの隙間には綿、ぼろ切れ、毛皮の切れ端、コケなどが詰められ、隙間風が入ってきたり、室内の熱が逃げ出したりしないようにしてある。その壁には長い釘が何本もさしてあって、帽子やズボン、コートなどを掛けられるようになっている。私たちはそこに帽子やコートとともにカメラをぶら下げておいた。また、天井の梁にも釘が出ていたり、針金が渡されていたりして、濡れた帽子や手袋、タルバサーなどを干せるようになっている。当然室内では天井に近い方が温度が高く乾燥が早いからである。

出入口のドアと明かり取りのための窓は冷気が入りやすいために密閉に神経を使う部分である。村の家の窓は二重窓が当たり前で、冬は窓枠と窓の間に紙テープを糊で貼って完全に目張りをしている。ドアも枠とドアが接する場所にフェルトや毛皮を張り付け、強く開閉しても音が出ないようにするとともに、目張り、断熱効果を高めようとしている。ドアをドア枠に密着させる工夫としては、わざと入り口の壁を斜めに作ってドアが重力で常に閉まった状態にしておくといった比較的手を抜いたやり方から、重りを滑車でドアにつなぎ、自動的に閉まるようにしておくといった手の込んだやり方まである。しかし、一番普及していたのはバネを使ってドアを戻す方法だった。

狩猟小屋の窓にはガラスははめ込んでいない。人がいないことが多く、メンテナンスが難しいからである。その代わりにビニールや透明な樹脂の板がはめ込まれている。ガラスと比べると断熱性が低く、またゆがんで窓枠に密着しないことも多く、窓から冷気が忍び込む。したがって、狩猟小屋はできるだけ窓の数は少なくし、しかも小さくする。私は九八年の調査でトナカイ飼育のベースキャンプも含めて三ヶ所の狩小屋で寝泊まりしたが、大きめのものは窓が二ヶ所、小さい小屋では一ヶ所しかなかった。当然室内は暗いが、防寒のためには致し方ない。それでもその小さい窓から冷気が忍び込んできて、窓の下のベッドに寝ていると、顔の上に冷たい空気が流れてくるので、夜はトナカイの毛皮で窓を覆ってもらった。

家の暖房で意外と盲点となるのが床下である。いかに壁と天井の断熱を完璧にしても、床下があいていては下から冷気が登ってくる。先にも述べたように、この地域の住居ではテント以外は床を上げてあるのが普通である。高床（高さはせいぜい五十センチメートルほどだが）は永久凍土上に建物を建てるときの智恵の一つで、室内の暖房による熱を直接地面に伝えないようにする工夫である。生活熱が地面に伝わると、永久凍土の表面が溶けだし、建物の土台をゆがめてしまうのである。

しかし床を上げると、冬にはそこに風が通り冷気が床から上がる。床は十分に隙間を詰めていないからである（人が常に歩くために詰めても無駄である）。そこで床下に冷気が入らないように家の下半分を外から雪で固めてしまう。雪は断熱性が高く、しかもきっちりと積めば当前風も入らない。積み上げている内に根雪となり、ほとんど氷の壁のようになって、断熱と防風の役割を果たしてく

写真56　家の下の部分を雪で固める。1998年11月撮影

れる。ただし、この地域の雪は乾いたパウダースノーのため、固めにくい。せっかく盛り上げても、十分にスコップで叩いて固めなければ、風でたちまち崩れてしまう。したがって、時折家の周囲を見回って、雪の壁が崩れていれば、雪を積み上げて修復しておかなくてはならない。人が常時暮らしているわけではない狩猟小屋などでは十分に補修することはできないが、トナカイ飼育のベースキャンプの小屋や村の住宅などでは時折崩れた部分に雪を乗せている光景が見られた。

室内気温と衣類の着脱

家の暖房と断熱にこれだけのことをすると、室内の気温はかなり高くなる。九八年の調査ではトナカイ飼育のベースキャンプだけでなく、狩猟小屋でも人が多かったせいか、室内がこと

写真57　トランプに興じる猟師たち。その熱気で寝袋に入れなかった。1998年11月撮影

さら暑く感じられた。ベースキャンプでも一部屋に六人から八人ほども集まれば、薪ストーブの熱と人の熱とで室内が暖められ、戸外がマイナス四十度以下でも、室内はプラス二十五度から時には三十度を超えていることもあった。つまり、部屋の内外で七十度を超える温度差になる。室内では時にTシャツ一枚にならなくては暑くていられないこともあったが、小用で表にでようとするときには面倒でもせっせと着込んで行くことになる。ただし、わずか二、三分戸外に出るだけのためにいちいち分厚いダウンジャケットを羽織るのは面倒だったので、しばしばセーターまでで外に出ることもあった。それでも身体は室内の熱気で火照っているために、五分程度だったらセーターだけでも寒さを感じず、むしろ身体の熱気が急速に奪われていくのに快感を覚えるほどである。ただし、部屋に戻るタイミングを間違えると、風邪をひくだけでなく、凍死する恐れもある。

観察していると猟師やトナカイ牧民たちは結構こまめに衣類を着脱している。部屋に戻ればすぐに厚い帽子、外套、オーバーズボン、タルバサーなどを脱ぎ、人いきれで室内がむせ返っていれば、どんどん脱いでしまう。しかし、いざ戸外で作業をしようというときには、素早く完全装備になる。彼らは子どもの頃から内外温度差が七十度、八十度にもなるような冬の生活を続けており、どうすれば汗をかかずに室内で活動でき、どうすれば凍えずに戸外で仕事ができるのかを身につけているのである。特に、汗をかかないというのは重要で、先にも触れたように、マイナス三十度以下の世界では汗にせよ水にせよ、身体を濡らすということは最も危険な行為なのである。

それにしても、九八年の調査で一番室内での熱気を感じたのは、トナカイ飼育ベースキャンプでの最後の晩に行われた猟師たちの賭トランプであった。彼らはライフルの弾を賭けて独特のゲームをしていたが（一時間ほど見ていたが、ヤクート語がわからないために最後までルールを理解できなかった）、十人ほどの猟師たちの体温と弾に賭ける意気込みとが相乗効果となって、すごい熱気となり、室温は三十度を超えていたと思われる。私は夜も遅くなったので、ゲーム途中で眠ってしまったが、とても寝袋に入っていられないほどの暑さだった。

九八年の厳寒のヤクーチア調査から帰国後、しばらく冬でも東京や大阪ではコートを着ることができなかった。マイナス四十度から五十度の気温の中で生活して以来、私の体は完全に寒冷地仕様となってしまったようである。その後徐々に戻ってはきたが、それでも降雪や風邪を押して出勤するとき以外にはコートを着て出かけることはない。

ヤクーチア北部での調査を終えて

一九九五年と九八年の調査は私のシベリアの環境、社会、そして文化に関する知見を大きく広げた。マイナス数十度の寒さの中でトナカイを飼い、野生のヒツジや野生のトナカイを狩りながらポスト社会主義時代の難しい状況を生き抜くシベリアの人々の姿を直接目にしつつ、その中で生活することで、いろいろなことを学び取ることができた。それはストーブへの火の入れ方から、マイナス数十度の極寒の中を生きるための心得まで多岐にわたる。それらはすべて、私たちを迎え入れ、その生活実態を見せ、教えてくれた、地元の猟師やトナカイ牧夫たちのお陰である。すなわち、私たちを猟場に連れ出してくれたケンチャの他、野生ヒツジ猟に案内してくれたヴァーシャ、コースチャ、そしてコースチャの父親のモープルに大きく負っている。

しかし、その後私たちは悲しいニュースを一つ聞かされた。私たちの調査から数年ほどして、「グレートジャーニー」で有名な関野吉晴さんが、バタガイ・アルィタとクストゥールを訪れた。無論グレートジャーニーの旅の一環である。関野さんが準備のために民博を訪れたときに、私はクストゥール村の様子を紹介し、ケンチャ、コースチャなどの名前を挙げて、彼らならば協力を惜しまないことを伝えた。しかし、帰国後関野さんから伝えられたニュースに、コースチャの死を知らせるものがあった。彼は私たちとの調査の後、あるときバタガイに出向いた際、酒に酔って工事現場の穴に落下して命を落としてしまった。そして、跡取りとして期待した息子を失ったモープルの悲しみは大きく、その後しばらく酒浸りとなっていたというものだった。私は九五年と九八年の調査のときに見たトナカイの背に乗り、銃を手に颯爽と野生ヒツジを追っていくコースチャの姿と、ポスト社会主義時代の経済危機の中で必死になってトナカイ飼育牧場の経営を維持し、家族を守ろうとしていたモープルの姿を思い出し、愕然となった。そしてさらに、日本を訪れたケンチャから、モープルがコースチャの死後、立ち直れないままに失意のうちに亡くなったことも知らされた。

ケンチャは、二〇一二年の秋に高倉さんの招待で来日した。東北大学での研究集会に招かれたのである。私は仙台に赴き、十四年ぶりの再会を果たした。ケンチャはすでに六十歳を過ぎていたはずなのだが、その間の年月を感じさせない若々しい姿を見せた。そしてそのまま一緒に山形市に向かい、東北芸工大の田口さんに会いに行った。彼も十四年ぶりの再会だった。翌日田口さんの車で小国町に向い、小国のマタギ（東北、中部地方の伝統的な狩猟集団）たちがクマ狩りの猟場としてきた山を見て回わり、その晩はマタギの人たちとの交流を行った。ケンチャは楽しそうにマタギの話を聞き、また、彼

写真58　ヘラジカ猟に赴くモープル（右）とケンチャ。1998年11月撮影

の狩りの話をマタギの人たちに聞かせた。お互い猟師として通じ合うものがあったと見え、私の通訳を介してわかるところ以外の部分でも理解し合うところがあったようである。東京に戻った最終日にはアメヤ横町に案内して買い物をし（ある問屋で良質のジャケットを手頃な値段で買えて、彼は上機嫌だった）、成田空港から見送った。これで小さいながらも十四年前の調査のお礼ができたかなと、少し気が楽になった。

おわりに

「はじめに」でも触れたように、この地域では自然も人も決して厳しいものや冷たいものではない。逆にそこで暮らし、環境になじもうとする者を暖かく包み込む。マイナス五十度に達する「極寒」の中でも、それにふさわしい装備を身につけ、そこに順応した生活スタイルや習慣を守れば、常に安全に暮らしていける。北方の森林やツンドラに生息する動物はよく太っていて、数も多く、川に住む魚も豊富である。森には材木や食用になる木々や灌木、草本類がそろっている。この地域の自然資源の大部分を地元で利用し、一部の高く売れるものを外の世界との交換、交易に使う分には、豊かな生活が保障されている。

シベリア、ロシア極東地域の先住民族たちには、いくつかの動植物とそれらを支配する精霊は人と同じような知覚を持ち、そのことばを理解し、その行動を観察していて、常にそれに対応するように行動したり現象を起こしたりするという世界観が見られる。そのために猟師たちは自分たちの意図を森の動物や精霊たちに悟られないように、狩りに出たときには言動に細心の注意を払う。また、森を支配する精霊たちには、旅の安全と豊猟を祈願するために、しばしば一定の場所で供物を捧げて祈る。モンゴル高原に見られるオボの中にもそのような祈願の対象となるものがあり、また、ヤクーチアや本書で紹介できなかった沿海地方とアムール川流域に見られる、村の出口にあたる峠や川沿いの崖にある聖なる木や岩もそのような場所である。このような世界観や慣習は、私が調査した北部ヤクーチアのエヴェンでも、内モンゴルのエヴェンキでも、またウデヘやナーナイといった沿海地方やアムール川の先住民族の間でも共通に見られた。しかし、これは別な見方をすれば、彼らは自然に対して、人に対して感じるのと同じぬくもりを感じているともいえる。つまり、シベリア、極東の自然はあくまでも暖かいのである。そしてそのようなぬくもりに包まれた人々の心も実に暖かい。

その一方で、冬には常に凍傷、凍死の危険がつきまとう。適切な装備を持っていなかったり、この地域にふさわしいライフスタイルを受け容れることができなかったりすれば、常に死と隣り合わせになる。冬には太陽が地平線近くを漂うだけであり、極地では一日中日が昇らない時期さえある。その寒さ、暗さ故に、人々がこの地域に不気味さと恐ろしさを感じてきたのも事実である。そのような負のイメージを国家が自国民の支配に利用した時代があった。いうことを聞かないとこの恐ろしい世界に放り込むぞと脅したのである。それはさらに恐怖感を増幅させた。帝政ロシアもソ連も、シベリア、極東に収容所や刑務所を建設し、多数の刑事犯や政治犯を送り込んで、彼らの自由を拘束し、さらに生命をも脅かした。多くの日本人が被害を受けたいわゆる「シベリア抑留」もその一環である。

しかし、シベリアで現地の人々と同じ暮らしをしながら調査を進めていると、この地域で感じられる厳しさはすべて、外からもたらされたものであることに気づく。つまり、この土地に住むわけでもないのに、ここで見つかる資源から上がる利益を得ることしか考えない人々が作り上げた制度や体制、ライフスタイルが、この地域で暮らすときに感じる厳しさ、恐ろしさの元になっているわけである。私は、資源開発でもこの地域の自然が持つぬくもりを感じながら進めれば、シベリアがもっと住みやすい、人に優しい世界になるのではないかと思っている。例えば、旧石器時代に初めてこの地域に進出した人類、あるいは、氷河期が終わって新しい自然がこの地域に広がった時代に住み始めた人々は、そのようなぬくもりを感じ、そこに浸りながらじっくり動物や植物の資源を開発していったのではないだろうか。そしてそれを感じられない人々はそこから撤退し、それを感じられる人々だけが残った。

しかし、現代の科学技術は人々を自然のぬくもりと厳しさから隔離することを可能にした。すなわち、防寒性能が高い住居と衣服を開発して、温帯、亜熱帯の環境を閉じられた空間に再現するとともに、物流体制を整えて、現地では調達できない物資を外から大量に供給して移民たちの生活を維持させる。開発のために移民してきた人々は自然に直接触れずとも生活できるカプセルのような都市空間に閉じこもり、パイプで栄養を強制注入するように、外から物資を注ぎ込んでもらって、移住元での生活と同じ生活を享受するわけである。現在の世界の政治経済情勢はそこまでしてでもシベリアのエネルギー資源や鉱工業資源を必要としているということなのだろうか。

それがいつまで続くのかはわからない。エネルギー資源も鉱工業資源もいずれは枯渇する。そして、国家に都市カプセルを維持する力がなくなったとき、物資供給システムが崩壊して、多くの人々がシベリアを去ることになるだろう。実際ソ連崩壊後にそれに近いことが起き、現在でも開発が進まない地域では人口減少が進行している。しかし、自然のぬくもりを知っている人々は、カプセルの外で生活する術《すべ》を知っているために、そこを離れる必要はない。おそらく最後までシベリア、極東地域を自らの本当の故郷として住み続けるのはそのような人々なのだろう。私がフィールドワークで出会った人たち、この地域での生き方を教えてくれた人たちは、皆そのような人々だった。彼らは現在の経済指標で見れば、所得が低く貧しいかもしれないが、実際には、所得が高いはずの我々よりも豊かな生活をしているように見えた。不満は数限りなくあるが、我々よりも生きることを楽しんでいるように見えた。それもまた、自然のぬくもり、あるいは人のぬくもりの中で生きているからなのだろう。

あとがき

本書では、私が二十代から四十代初めまでに行ったフィールドワークでの経験を紹介した。ここからわかるように、私は一年近くにわたるいわゆる「長期のフィールドワーク」の経験はない（一年程度の海外滞在経験は何度かあるが）。一九八〇年代から九〇年代のソ連やロシア連邦ではそれは不可能だった。そのために私は文書資料を駆使した歴史学的な研究に軸足を置かざるを得なかった。修士論文だけでなく、一九八九年に提出した博士論文も実はほとんど歴史学の論文である。漢文、満洲語、ロシア語、日本語で書かれた関連の史料を読み解き、そこからアムール川流域の先住民族が、記録を残した国家や社会からどのような存在として捉えられ、理解されていたのか、それが十七世紀から十九世紀までの間にどのように変化したのかを明らかにした。それはフィールドワークに基づくデータに依拠していないという点では人類学の論文ではない。しかし、このような研究は私のその後のフィールドワークも含む人類学的な調査研究に大きく貢献することになった。すなわち、この研究によって史料類に見られる文化や社会に関する記述も、人類学者が民族誌に残した記述も、いずれもある地域やある人間集団の長い歴史の中の一コマ、あるいは断片を切り取ったものにすぎないことがよく見えてきたからである。つまり、地理的な広がりとともに、時間的な深みも考慮しないと、調査地域の文化や社会の現状をより深く理解できない。

私は歴史研究を行った後にアムール川流域で本格的なフィールドワークを始めた。すなわち中国内モンゴル自治区のエヴェンキの調査（第三章）に代わって一九八九年暮れに始まったソ連側（当時）での調査である。それ以来、アムール川流域とその南の沿海地方で、ナーナイ、ウリチ、ニヴフ、ウデへといった人々の間で、それぞれ一週間から六週間ぐらいと短期的ではあるが調査を繰返した。それによって、従来の人類学者が全く注意を払ってこなかったもの、あるいは理解できていなかったものがよく見えるようになった。そして、さらに、人類学者や民族学者が残した民族誌が権威を持ち、それが調査対象とされた人々の意識と行動を縛っていく様も見ることができた。ただし、その過程は本書に盛り込むことができなかった。紙幅の関係もあるが、まだ、私にとっては継続中の研究であり、十分整理できていないからである。もう少し整理できた段階でそれも活字にしていきたいと考えている。

本書では各フィールドワークで得られた学術的な成果を十分に取り上げることができなかった。また、紙幅の関係で盛り込めなかったエピソードも多数ある。そのような各調査の詳細に関しては以下の拙論を参照していただきたい。

スカンジナヴィアのサーミの調査

「フィールドノート　ラップランド紀行」『リトルワールド』一四、一九八五年、一八―二一頁。

「シベリア・ラップランドのトナカイ乳製品」雪印乳業健康生活研究所（編）『乳利用の民族誌』中央法規出

版、一九九二年、二五二―二六六頁。

ネネツの調査

「ネネツとの出会い」NHK取材班他著『北極圏』1　日本放送出版協会、一九八九年、一七一―一七三頁。

「ネネツについて」NHK取材班他『北極圏』4　日本放送出版協会、一九八九年、一五三―一六〇頁。

「トナカイ飼育の生産性」松原正毅・小長谷有紀・佐々木史郎編『ユーラシア遊牧社会の歴史と現在』(『国立民族学博物館研究報告別冊』二〇)、一九九九年、五一七―五四〇頁。

「ティコ・ウィルコの悲劇―社会主義政権下のノーヴァヤ・ゼムリャ島のネネツ」黒田悦子編『民族の運動とその指導者たち』山川出版社、二〇〇二年、九六―一一五頁。

「ツンドラ地帯におけるトナカイ遊牧の成立過程―帝政ロシア期にネネツとチュクチが選んだ生き残り戦略」松原正毅・小長谷有紀・楊海英(編)『ユーラシア草原からのメッセージ―遊牧研究の最前線』平凡社、二〇〇五年、三三九―三七〇頁。

Establishment of the large scale reindeer herding in the European and West Siberian Tundra. In Stammler, F. and H. Takakura (eds.) *Good to Eat, Good to Live with: Nomads and Animals in Northern Eurasia and Africa.* (Northeast Asian Studies Series 11), pp. 77-99. Sendai: Tohoku University, Center for North East Asian Studies, 2010.

中国内モンゴルのエヴェンキの調査

「呼倫貝爾草原のエヴェンキ族(一)」『民博通信』四四号、一九八九年、五一―五五頁。

「呼倫貝爾草原のエヴェンキ族(二)」『民博通信』四五号、一九八九年、三一―三六頁。

「狩猟民?遊牧民?―エヴェンキの正体」『モンゴロイド』No.1東京大学総合研究資料館、一九八九年、八―一〇頁。

「シベリアのエヴェンキと中国の鄂温克」『北方ユーラシア学会会報』第四号、北方ユーラシア学会、一九九四年、五―八頁。

「「少数民族」の重層性」『民博通信』七〇号、一九九五年、二八―四三頁。

ヤクーチア（サハ共和国）北部の調査

「ツンドラの市場経済」『月刊みんぱく』五月号、一九九五年、一五―一七頁。

「クストゥールにおける野生羊猟の過程」斉藤晨二（編）『シベリアへのまなざし』名古屋市立大学教養部（科研報告書）、一九九六年、一三七―一五五頁。

「ポスト・ソ連時代におけるシベリア先住民の狩猟」『民族学研究』六三巻一号、一九九八年、三―一八頁
「マイナス五〇℃の防寒対策（上）」『民博通信』八七号、二〇〇〇年、一四―三一頁。

「マイナス五〇℃の防寒対策（下）」『民博通信』八八号、二〇〇〇年、二一―四三頁。

「クストゥール村周辺での狩猟活動の歴史と現状―サハ共和国北部エヴェノ・ブィタンタイ地区での調査から―」齋藤晨二編『シベリアへのまなざしII―シベリア狩猟・牧畜民の生き残り戦略―』名古屋市立大学人文社会学部（科研報告書）、二〇〇〇年、九九―一二〇頁。

Changes of Hunting Systems and Strategis in Post-Soviet Yakutia: A Case Study of Eveno-Bytantai District. In Takakura, Hiroki (ed.) *Indigenous Ecological Practices and Cultural Traditions in Yakutia: History, Ethnography and Politics*, pp.89-119. Sendai: Center for North Eastern Asian Studies, Tohoku University, 2003.

「シベリア・極東ロシア先住諸民族のシカ猟―フィールドノートから」大貫静夫・佐藤宏之（編）『ロシア極東の民族考古学―温帯森林漁猟民の居住と生業』東京：六一書房、二〇〇五年、二九五―三一五頁。

「サハ共和国北部における重層するアイデンティティとエスニシティ」煎本孝・山田孝子（編）『北の民の人類学―強国に生きる民族性と帰属性』京都大学学術出版会、二〇〇七年、二二九―二四六頁。

本書はここ三十年来の調査の記録なので、多くの方に支えてもらっている。本書で登場した現地の方々のみならず、共同研究者として同行してくれた方々に深く謝意を表したい。特に、科学研究費補助金を申請してプロジェクトを立ち上げた黒田信一郎先生と齋藤晨二先生にはいくら感謝してもしたりないくらいである。また、同行してくれた仲間の中でも、津曲敏郎さん、風間伸次郎さん、谷野典之さんには中国調査で、吉田睦さん、高倉浩樹さん、池田透さん、齋藤君子さん、そして田口洋美さんにはヤクーチア調査で大変お世話になった。そして私が初めてフィールドを踏むきっかけを作ってくれた鏡味治也さんにも謝意を表したい。

最後になったが、本選書の編者である印東道子さん、関雄二さん、白川千尋さん、さらに臨川書店の西之原一貴さん、工藤健太さんには本書の企画段階から校正まで大変お世話になった。ここに篤く御礼申し上げたい。

二〇一五年二月十一日

佐々木史郎（ささき　しろう）

1957年東京都生まれ。東京大学教育教養学部教養学科卒業。東京大学大学院社会学研究科博士課程中退。学術博士。国立民族学博物館教授。専門は文化人類学、北アジア研究。極東ロシア、日本列島北部における近世から近代への転換をテーマに研究を行う。主な著書に、『北方から来た交易民——絹と毛皮とサンタン人（NHKブックス）』（日本放送出版協会、1996年）、『東アジアの民族的世界 境界地域における多文化的状況と相互認識（人間文化叢書 ユーラシアと日本—交流と表象）』（編著、有志舎、2011年）などがある。

フィールドワーク選書 13
シベリアで生命の暖かさを感じる

二〇一五年二月二十八日　初版発行

著者　佐々木史郎
発行者　片岡敦
印刷 製本　亜細亜印刷株式会社

606-8204 京都市左京区田中下柳町八番地
発行所　株式会社 臨川書店
電話（〇七五）七二一—七一一一
郵便振替　〇一〇七〇—二—八〇〇

落丁本・乱丁本はお取替えいたします
定価はカバーに表示してあります

ISBN 978-4-653-04243-3 C0339

〔ISBN 978-4-653-04230-3 C0339　セット〕

フィールドワーク選書　刊行にあたって

編者　印東道子・白川千尋・関　雄二

人類学者は世界各地の人びとと生活を共にしながら研究を進める。何を研究するかによってフィールド（調査地）でのアプローチは異なるが、そこに暮らす人々と空間や時間を共有しながらフィールドワークを進めるのが一般的である。そして、フィールドで入手した資料に加え、実際に観察したり体験したりした情報をもとに研究成果を発表する。

実は人類学の研究でもっともワクワクし、研究者が人間的に成長することも多いのがフィールドワークをしているときなのである。フィールドワークのなかでさまざまな経験をし、葛藤しながら自身も成長する。さらにはより大きな研究トピックをみつけることで研究の幅も広がりをみせる。ところが多くの研究書では研究成果のみがまとめられた形で発表され、フィールドワークそのものについては断片的にしか書かれていない。

本シリーズは、二十人の気鋭の人類学者たちがそれぞれのフィールドワークの起点から終点までを描き出し、それがどのように研究成果につながってゆくのかを紹介することを目的として企画された。なぜフィールドワークをしたのか、どのように計画をたてたのかにはじまり、フィールドでの葛藤や予想外の展開など、ドラマのようなおもしろさがある。フィールドで得られた知見が最終的にどのように学問へと形をなしてゆくのかまでが、わかりやすく描かれている。

フィールドワークをとおして得られる密度の濃い情報は、近代化やグローバル化など、ともすれば一面的に捉えられがちな現代世界のさまざまな現象についても、各地の人びとの目線にそった深みのある理解を可能にしてくれる。また、研究者がフィールドの人々に受け入れられていく様子には、人間どうしの関わり方の原点のようなものをみることができる。それをきっかけとして、人工的な環境が肥大し、人間と人間のつながりや互いを理解する形が変わりつつある現代社会において、あらためて人間性とは何か、今後の人類社会はどうあるべきなのかを考えることもできるであろう。フィールドワークはたんなるデータ収集の手段ではない。さまざまな思考や理解の手がかりを与えてくれる、豊かな出会いと問題発見の場でもあるのだ。

これから人類学を学ぼうとする方々だけでなく、広くフィールドワークに関心のある方々に本シリーズをお読みいただき、一人でも多くの読者にフィールドワークのおもしろさを知っていただくことができれば、本シリーズを企画した編集者一同にとって、望外の喜びである。

（平成二十五年十一月）

アラブのなりわい生態系

全10巻

責任編集 — 縄田浩志　編 — 石山俊・市川光太郎・坂田隆
中村亮・西本真一・星野仏方

1 『自然と人間の相互作用環』
2 『ナツメヤシ』　本体 3,600円＋税
3 『マングローブ』　本体 3,600円＋税
4 『外来植物メスキート』　本体 3,600円＋税
5 『サンゴ礁』
6 『ヒトコブラクダ』
7 『ジュゴン』　本体 3,600円＋税
8 『モロコシとトウジンビエ』
9 『篤農家と地域社会』
10 『現生人類はキーストーン種か？』

＊四六判上製 平均320頁／白抜は既刊
＊タイトルは一部変更になる場合がございます

ISBN978-4-653-04210-5（セット）